GUIDE TO INVESTMENT AND TOURISM

对外投资与旅游地指南

土耳其卷

王思宇 \ 著

U0955502

经济日报出版社

前 言

1.“十字路口上的国家”

如果用一句话来形容土耳其，“十字路口上的国家”可能是最为合适的。

从地理位置上看，土耳其位于亚欧大陆最狭窄的地方，扼守两大洲，地理位置极其重要，这也是被称为“十字路口上的国家”的原因。

土耳其陆地边境线上 2648 公里，海岸线长 7200 公里，海岸线并不崎岖，国家版图完整，是典型的海陆文化兼有的国家。

土耳其的两大民族中，土耳其人是欧洲人种，库尔德人是亚洲人种，文化上也呈现出明显的交融态势。

从国土来看，土耳其绝大多数领土位于亚洲，但政治形态和经济制度基本复刻和倾向欧洲，也是一个值得探讨的现象。

土耳其 1923 年独立，并迅速开始了现代化进程，文化中古典元素和现代风格交相辉映，难得地保留了大量历史遗迹和文化传承，从一个傲慢的帝国到世界前二十的经济体，土耳其走得顺风顺水，从这一点来说，土耳其人很厉害。

在笔者对土耳其有限的几次接触中，便能深刻地感受到他们印刻在民族性格深处的二元情绪：

既对现代社会充满了向往和追求，又对传统宗教和社会文化情有独钟。

既对融入欧洲充满了渴望，却又想要在西亚和中亚做有影响力的大国。

既用“引进来”的思路迅速接纳了世界各地的资金技术和文化，又在不断地尝试“走出去”，充满了探险精神。

亚洲人的保守和欧洲人的精明、古典主义的浪漫和现代主义的激进、对世俗生活的热爱和对宗教文化的传承，这些通常格格不入的元素，在土耳其得到了神奇地统一。如果像读懂非洲人、欧洲人一样去了解土耳其人，那你得到的一定是困惑和失败。

近十年来，土耳其富有成效和措施得当的经济政策增强了抵御金融风险的能力，使其成为全球少数几个应对国际经济风暴表现优异的国家。2010 年土耳其第一季度经济增长率达到 11.7%，在全球二十大经济体中仅次于中国（11.9%），经济的恢复效果远超各界预期，成为世界经济体中最闪亮耀眼的新星之一。

现今土耳其已成为世界第 17 大经济体，并稳居中东 – 伊斯兰世界第一大经济体宝座。土耳其经济出色的发展成绩，强劲的增长势头，在吸引来自全球关注和赞叹的同时，也赢得了国际社会对其上行空间和潜力容量的一致看好，先后跻身“迷雾四国”（MIST）、“展望五国”（VISTA）、“灵猫六国”（CIVETS）和“钻石十一国”（NEXT–11）等顶级新兴经济体序列。

有研究机构预测，土耳其作为世界十大新兴市场国家之一，未来到 2050 年有望进入世界前十位，甚至成为欧洲第四或第五经济大国，达到意大利或者法国的水平[①]。在本届正发党的领导下，短短 10 年时间，土耳其经济总量就由该党执政初期的 2500 亿美元大幅提升至 8000 亿美元，从贷款国摇身一变成为债权国，从偏居一隅到崛起为全球瞩目的“安纳托利亚小虎”，凤凰涅槃般地将一个全新的中等强国呈现于世人面前。

对中国来说，作为最先响应“一带一路”倡议的国家之一，土耳其近年来积极参与“一带一路”建设，加快推进本国“中间走廊”计划与“一带一路”倡议的对接。中土两国各领域合作快速推进，两国关系取得长足发展。在此背景下，“一带一路”“重振古丝绸之路”“中土战略对接”等话题在土耳其媒体上的曝光率逐渐增加。土耳其主流媒体普遍看好中土两国在“一带一路”框架下的合作前景。

---

① 世界经济展望预测（IMF）http：//www.imf.org/external/english/pubs/ft/2010/update.

在这样的前提下，中国和土耳其的经济交往，必然更加密切，而土耳其这样极具经济活力的国家，也是值得我们重点关注的投资贸易对象。

2. 很重要的土耳其

虽然我们总是在强调土耳其在地理、经济和地缘政治上的重要性，但是这个国家还是很容易被忽略——对于中国人来说，土耳其离得太远，关注不关注都是无所谓的事。

当土耳其发生军事政变、博斯普鲁斯海峡短暂封闭的时候，很多人才突然发现，土耳其作为俄罗斯、中亚和欧洲之间的转接枢纽，地位是有多重要——而且还在变得越来越重要。

与此同时，除了作为石油和粮食等商品的转运国之外，土耳其作为天然气和黄金等商品消费国的重要性，也超过许多人的想象。

博斯普鲁斯海峡是全球最重要的海上石油咽喉要道之一，每天全球石油供应都有3%——约300万桶通过这里，主要是来自俄罗斯和里海地区，穿越这里前往地中海。

还有大量俄罗斯、乌克兰和哈萨克斯坦的粮食会从这里走向全球市场。大约全球粮食出口的四分之一都是从黑海港口起运的。

土耳其海峡最窄处只有半英里，每年却要通过大约4.8万艘船只。

此外，那些绕开博斯普鲁斯海峡的管道每天还要从里海诸国如阿塞拜疆、哈萨克斯坦等直接向土耳其的地中海终端如杰伊汉等输送约 70 万桶石油。

还有一条来自伊拉克库尔德斯坦的管道，也以杰伊汉为出口，每天输送大约 50 万桶石油。

土耳其还是伊朗部分天然气和石化产品的中转路径。由于两国边境关闭，伊朗已经暂停向土耳其出口石化产品。

除开货运枢纽之外，土耳其本身，也是个非常重要的商品消费国。该国是欧洲五大天然气使用国之一，与法国等量齐观。

土耳其炼油厂每天能够处理近 100 万桶原油，是欧洲七大原油消费国之一，与荷兰相当。这些油主要来自伊拉克、里海、伊朗和俄罗斯。土耳其的天然气主要来自俄罗斯、阿塞拜疆和伊朗。

土耳其仅次于埃及，是俄罗斯第二大粮食进口国。2015 年 7 月到 2016 年 5 月，总计购买了 300 万吨粮食。他们还通过黑海港口从俄罗斯进口玉米和大麦。整体而言，当前 2015-2016 年度，土耳其从俄罗斯进口 430 万吨粮食，低于上一年度的 595 万吨。同期，他们还进口 90 万吨玉米，也低于之前的 236 万吨。进口减少主要是因为国内产量增加。

土耳其是全球十大黄金市场之一，2015 年需求达到 72 吨，价值约 30 亿美元。对于那些担心货币价格激烈波动的土耳其人而言，黄金一直是他们的首选。

土耳其国土面积全球排名 36，亚洲第 9。

土耳其 2016 年 GDP 全球排名第 18，亚洲第 7。

《我的名字叫红》的作者费利特·奥尔罕·帕慕克（Ferit Orhan Pamuk），诺贝尔文学奖的获得者，西方文学评论家将他与马塞尔·普鲁斯特、托马斯·曼、卡尔维诺、博尔赫斯、安伯托·艾柯等相提并论，称他为当代欧洲最核心的三位文学家之一。

如果想要了解土耳其，不妨先从这个角度出发，因为作为一个诞生过古老文明的国家，土耳其，对于世界来说，很重要。

3. 从厄齐尔到欧盟

熟悉皇马或者德国队的球迷都知道，厄齐尔曾经是个土耳其人。Mesut Özil 也是个典型的土耳其名字。

2007 年，厄齐尔主动放弃了土耳其国籍，选择为德国队效力。

球员选择加入足球强国国籍取得更好的发展，厄齐尔不是特例，但对于土耳其来说，对欧洲的向往已经成为一种常态。

就以足球来说，几乎所有足球运动员的梦想，都是从土耳其球队，跃升到德国球队，如果做不到，就去欧洲其他球队。

其他领域也大概如此，土耳其将德国看做完美的学习对象。据报道，对于 8000 万人口的德国来说，土耳其裔的移民已经接近 300 万人。

无论是法律法规、经济体制，还是社会文化，土耳其严格向欧洲看齐，如果想深入了解土耳其，这是一定要知晓的前提。

土耳其是最早加入欧共体的国家之一，早在 20 世纪初，就开始了“脱亚向欧”的历程，虽然目前尚未加入欧盟，但土耳其始终没有放弃在欧洲的影响力，目前也仍是欧盟的候选国之一。

土耳其也深刻地融入到现代全球经济体系，是经济合作与发展组织创始会员国和二十国集团的成员，2016 年，土耳其的 GDP 达到 7179 亿美元，全球排名第 18，如果放在亚洲，仅次于中国、日本、印度和印度尼西亚，如果放在欧洲，也仅次于德国、英国、法国、意大利、俄罗斯和西班牙六国。

不仅如此，欧洲也是土耳其人留学、经商、从政的最重要目的地，如今有将近 400 万的土耳其人居住在欧洲，他们中的大部分生活在德国、法国、荷兰等国，他们的存在对土耳其的国内政治经济有着至关重要的影响，同时也对欧洲各国产生着影响。

今天土耳其人数最多的海外移民国家是德国、荷兰、法国和奥地利，2017年4月修宪公投时，土耳其部长甚至要到这些国家拉票。

土耳其人去德国，还要从 1961 年联邦德国与土耳其签署的劳工输出协议说起。1945 年二战结束后，西欧各国一片狼藉，美国的马歇尔计划给西欧又重新注入了经济活力。

五六十年代，随着经济的快速发展，西欧国家普遍出现了劳动力短缺的状况。1961 年柏林墙悄然竖起，彻底结束了东德与东欧民众到西德打工的情况。当年西德的失业率为 0.8%，有 50 万份工作无人来做，次年失业率再降到 0.7%，劳工短缺可见一斑。

早在 1957 年西德总统豪斯访问土耳其时，就与该国达成改善其职业培训系统的协议。1958 年有 150 名土耳其青年来到德国，参与职业培训先期工作。1960 年约有 1500 名土耳其人旅居西德，不过他们大多是学生与商人。1961 年双边劳工协议达成后，在此后的十几年间，有超过 80 万的土耳其人来到德国，其中包括 14 万女性，以及土耳其境内的库尔德人。

其他欧洲国家的情况大体类似。除了人口的输出，政治经济文化的输入也不可小觑，2014 年完成的土耳其伊安高铁二期是中国企业海外承建的第一条高速铁路，也是中国企业以全欧洲标准完成的第一条欧洲高速铁路，对于承包商中国铁建来说，面临的最大挑战，就是严格苛刻的“欧洲标准”。

想要读懂土耳其，就要先读懂欧洲，这是每一个计划在土耳其投资的中国人，必须要了解的前提。

这个国土面积 97% 都位于亚洲的国家，虽然始终站在亚洲与欧洲的十字路口，但除地理层面信息外，呈现出来的，是一种“全盘欧化”的倾向，这种倾向是我们需要适应理解的前提，也是需要把握和运用的机遇。

4. 红茶、烤肉和热气球

红茶可以说是土耳其的“国饮”，不论是早餐时间、休息时间还是开会闲聊时间，红茶总是土耳其人的不二选择。根据调查机构欧睿（Euromonitor）的统计数据，世界人均茶叶消费量最高的国家并不是中国，而是土耳其。土耳其每年人均茶叶消费量高达 3157

克，也就是7斤多，如果按每次冲泡5克的话，几乎每天要泡两次之多。

与中国常见的泡制茶水不同，土耳其红茶多采用开水冲泡、小火烹煮的方式，时间通常在20分钟以上，当这个爱好成为生活习惯的时候，饮用红茶就深刻地影响到了土耳其人的生活节奏。

相比于中国的大城市来说，土耳其的生活节奏普遍要慢上许多，红茶、咖啡、干果是他们消磨时间的典型方式。

如果说红茶代表着土耳其人的生活节奏，那么土耳其烤肉则更是生活方式的代表性美食。作为和中国菜系、法国菜系等量齐观的土耳其菜系，是当仁不让的世界三大菜系之一，烤肉则是其最为风靡世界的一款美食。

正宗的土耳其烤肉非常诱人。在流传过程中，土耳其烤肉融入了多种酱汁、沙拉和香料，可以说，每一家烤肉店的味道都是独一无二的。传统的土耳其烤肉是用半米长的薄刀将肉片下来，称足重量后加入面包，加上洋葱、西红柿片和青菜包好就可以了。不过，随着时间的推移，改良品种也不断增多。出现了用薄饼卷成的顿茹姆（Dürüm），比起厚厚的面包，顿茹姆的味道就好多了，脆脆的外皮，每一口都可以感觉到烤肉的香味。在塔克西姆（Taksim）广场前的旋转烤肉店就可以吃到一种更好吃的顿茹姆三明治，在卷好的顿茹姆之中加入好吃的起司，放入面包压烤机中压成扁扁的长方形，让人吃了之后还想再来一个。

除了喝红茶、吃烤肉，近几年土耳其最为流行的旅游项目是热气球。卡帕多奇亚是最为著名的乘坐地点，乘坐热气球飞往蓝色的天空，俯瞰极具特色的火山熔岩地貌，想想就令人心驰神往。

正如西亚大部分地区一样，土耳其的地形地貌比较复杂，很多地方都是山连海、海连山，因此也造就了诸多非常漂亮的旅游景点，热气球、滑翔项目条件得天独厚，在风力适合的天气，教练甚至不用爬坡，就能带游客原地“起飞”。

如果想到土耳其游玩一番的话，景点如何安排，之后会进行详细介绍，但红茶、烤肉和热气球，绝对是不可错过的体验项目。在笔者看来，红茶代表着传统的生活习惯，是时间上的舒缓；烤肉代表着包容和无限可能，是内容上的多姿多彩；而热气球则代表着冒险精神，吸引着敢于挑战的勇者们。

这，也许是打开土耳其的另一种方式。

5. 这本书在讲什么

无论对谁来说，用一篇文章或一本小书来分析一国经济或者两国贸易的发展情况都是困难的，市场上经常能够见到令人厌烦的长篇累牍的数据罗列，这可能并不是一个投资者所乐意见到的。或者说，在生活节奏如此之快、信息传播如此迅捷的今天，用一本书去指导一个企业的投资行为，必然是不明智的，我们希望这本书能够为投资土耳其的企业和个人起到一定的参考作用，这就是我写作的初衷。

在这本书中，我们试图将枯燥的数据用形象的语言解读，并用经济学知识和常见的方式阐述清楚，从而使这本书变得好读、有趣。我们尽量少地使用图表和表格，即便是少量的重要图表也会进行详细的分析。我们尽量使这本书所介绍的情况简明扼要、生动具体，并能浅显直白地告诉读者，这些数据背后的隐藏含义。相比于一本很快过时的百科全书，我们更希望这本书能够成为一本随时供您参考的小册子，一本能够读得津津有味的闲暇读物。

由于各个机构统计口径的差异，我们无法保证所有数据的完全准确，在本书中，我们将重点参考外交部、商务部、统计局等国家部委、单位发布的相关信息，以保证书中内容的权威性和真实性。当然，一个睿智的投资者也不太可能使用本书中的数据作为投资决策的依据，相比于一项英明的投资活动，本书所覆盖的信息远不够详尽。正如笔者始终强调的，本书只是将土耳其的整体面貌和主要信息形象地呈现出来，我们更愿意为读者提供一份能够迅速消化的、提供基本判断依据的信息大餐，至于投资过程中更专业的事，就请交给更专业的人。我们在力所能及的范围内令这本书更加完善、更加有趣，如有谬误，欢迎读者随时反馈给我们。

CONTENTS 目录

TR THE REPUBLIC OF TURKEY

TR

THE REPUBLIC OF TURKEY

第一章

中国与土耳其的双边贸易分析

01

“火鸡国”遇上“瓷器国”

在英语国家，总有人会不厌其烦地拿“Turkey”这个词开玩笑，常见的说法是：“火鸡也是一个国家？”这个笑话中国人一定听得懂，因为和“火鸡国”类似，我们是“瓷器国”。中国和土耳其有太多的共同点：都是文明古国，都是亚洲的大国，都是多民族国家，都有诸多邻国接壤，经济发展速度较快，等等。从这个意义上来说，相对于发达国家和大量欠发达国家，中国和土耳其的合作，有着天然的优势和亲和度。

从整体上来看，土耳其是“一带一路”沿线经济基础最好、合作前景最优的国家之一，无论是经济体量、工业门类还是制度文化、资源资本，土耳其都具有很强的国际化背景。土耳其还从欧洲国家吸取了大量有益经验，尤其是工业门类和发展模式上，有很浓厚的欧洲的影子。对中国的投资者来说，这既是好事，也是挑战：适应土耳其的投资贸易环境，意味着要在经营思路上做出更大的改变，但适应这种“欧洲风”的市场环境之后，进军欧美等资本主义发达国家的经验和准备，必然就会更充分。对土耳其来说，投向欧洲的路途并不坦荡，“向东走”也不失为一个可以考虑的选择。在这种情况下，中国无疑是一个最为友好和可靠的伙伴。

“‘一带一路’倡议将在历史上留下浓重的一笔，这是连接亚洲、非洲、欧洲甚至美洲的倡议。”2017 年 5 月 14 日，土耳其总统埃尔多安在“一带一路”国际合作高峰论坛开幕式上这样说。可以说，无论是从体量的契合度，还是从地缘的亲和度，亦或是考虑发展的进度，在全球经济进一步整合、融通的今天，中国和土耳其这样的国家走向合作共赢是必然的结果。近年来，尽管中国面临经济的“降速”和转型，而土耳其甚至经历了政变的危机和经济的波动，但两国分别作为区域“大国”的地位并没有改变，经济发展的前景也同样光明。数据表明，两国之间的投资贸易发展速度越来越快，文化上的互相影响也变得越来越强，这是中土两国未来发展的必然趋势，也是每一个投资贸易者需要看到的重要机遇。

万有引力理论认为，双方的质量越大，互相的吸引力就会越强，对于中国和土耳其这样的国家来说，相互合作、共同发展是双赢的。如果说土耳其是“火鸡”，那么土耳其至少也是一只正在腾飞的巨型飞鸟，如果说中国是“瓷器”，那么中国至少也是一尊庞大高贵的扛鼎巨制，当“火鸡”遇上“瓷器”，必然能碰撞出更为辉煌的火花。

一

中国与土耳其的双边关系

【中土双边关系进程】

1971年8月4日，中国与土耳其建交。20世纪80年代以来，两国高层互访增多，双边关系发展较快。2012年，中国在土耳其举办“中国文化年”；2013年，土耳其在中国举办“土耳其文化年”。

2013年9月，土耳其副总理巴巴詹[①]来华出席大连夏季达沃斯论坛期间，李克强总理会见了巴巴詹一行。10月，中共中央政治局委员、中宣部部长刘奇葆访问土耳其。其间，刘奇葆会见了土耳其时任总统居尔、副总理博兹达、正义与发展党副主席查乌什奥卢和卡普苏兹。

2014年8月，习近平主席特使、水利部部长陈雷赴土耳其出席新任总统埃尔多安的就职典礼。

---

① 为方便行文，如无其他说明，后文中提到的职务皆为时任

2014年11月，习近平主席特使、中共中央政治局委员、中央政法委书记孟建柱访问土耳其并会见土总统埃尔多安、副总理巴巴詹等。

2015年7月，土耳其总统埃尔多安对中国进行国事访问。其间，习近平主席同埃尔多安会谈，李克强总理和张德江委员长分别同其会见，双方就双边关系及共同关心的国际和地区问题深入交换意见并达成广泛共识。

2017年5月13日，埃尔多安应习近平的邀请，对我国进行访问，并出席了随后的“一带一路”国际高峰论坛。

此外，两国文化和民间交往日益密切，在各领域的互利合作均取得丰硕成果。

中土签署的其他协定、协议、公报、条约、议定书和备忘录：

1981年，《中华人民共和国和土耳其共和国建立外交关系的联合公报》《中华人民共和国政府和土耳其共和国政府贸易议定书》《中华人民共和国政府和土耳其共和国政府经济、工业和技术合作防定》

1989年，《中华人民共和国政府和土耳其共和国政府领事条约》《中华人民共和国政府和土耳其共和国政府海运协定》《中华人民共和国政府和土耳其共和国政府关于互免签证协议》

1992年，《中国和土耳其关于民事、商事和刑事司法协助的协定》

1997年，《中华人民共和国水利部和土耳其共和国能源与自然资源部国家水利工程总局关于在水利领域开展合作的谅解备忘录》

2000年，《中华人民共和国政府和土耳其共和国政府打击跨国犯

罪的合作协议》《中华人民共和国政府和土耳其共和国政府能源领域经济和技术合作框架协议》

2001年，《关于中国公民组团赴土耳其旅游实施方案的谅解备忘录》

2002年，《中华人民共和国政府和土耳其共和国政府关于海关事务的合作互助协定》《中华人民共和国农业部与土耳其共和国农村事务部农业合作谅解备忘录》《中华人民共和国信息产业部与土耳其共和国交通部关于在信息技术领域合作谅解备忘录》

2008年，《中华人民共和国水利部与土耳其共和国环境和林业部关于在水利领域开展技术合作的谅解备忘录》

【双边贸易情况】

2013年中土双边贸易

2013年，中土双边货物进出口额为283.2亿美元，增长17.4%。其中，土耳其对中国出口36.1亿美元，增长27.5%，占土耳其出口总额的2.4%，增长0.5个百分点；土耳其自中国进口247.1亿美元，增长16.0%，占土耳其进口总额的9.8%，增长0.8个百分点。土耳其与中国的贸易逆差211.0亿美元，增长14.3%，占同期土耳其逆差总额的21.2%。截至2013年12月，中国为土耳其第十一大出口市场和第二大进口来源地。

矿产品一直是土耳其对中国出口的最主要产品，2013年出口额为24.7亿美元，增长34.6%，占土对中国出口总额的68.3%。在土耳其对中国出口的矿产品中，大多数产品均呈现增长态势。化工产品为土耳其对中国出口的第二大类产品，出口金额 3.5 亿美元，下降 2.6%，比重为 9.8%。

土耳其自中国进口的主要商品为机电产品、纺织品和贱金属及制品，2013 年合计进口 171.1 亿美元，占土耳其自中国进口总额的 69.2%，其中机电产品超过土耳其自中国进口产品的一半。除上述产品外，家具玩具杂项制品、化工产品等也为土耳其自中国进口的主要大类商品（HS 类），在进口中的比重均超过 5%。2013 年，中土双边贸易呈现增长态势，表现好于土耳其整体贸易状况。

2014 年中土双边贸易

2014 年中土双边贸易额为 277.4 亿美元，下降 2.1%。其中，土耳其对中国出口 28.6 亿美元，下降 20.8%，占土耳其出口总额的 1.8%，降低 0.6 个百分点；土耳其自中国进口 248.8 亿美元，增长 0.7%，占土耳其进口总额的 10.3%，提高 0.5 个百分点。土方逆差 220.2 亿美元，增长 4.4%。中国为土第十九大出口市场和第二大进口来源地。

矿产品方面，土耳其对中国 2014 年出口额为 18.0 亿美元，下降 27.0%，占土对中国出口总额的 62.9%。在土耳其对中国出口的矿产品中，矿砂出口下降 38.5%，所占份额进一步降低，大理石矿出口下降超过一成；另外，矿物燃料在对中国出口中的占比极低，不足 0.5%。化工产品出口下降 8.3%，为土耳其对中国出口的第二大类产品，在出口中的比重为 11.3%。纺织品及原料为土耳其对中国出口的第三大类产品，在对中国出口中的比重达到 8.6%，出口金额 2.6 亿美元。在对中国出口普遍下降的情况下，机电产品出口增长 14.9%，是土耳其对中国出口中保持增长的不多的大类产品。

土耳其自中国进口的机电产品、纺织品和贱金属及制品方面，2014 年合计进口 165.5 亿美元，占土耳其自中国进口总额的 66.5%，其中机电产品约占土耳其自中国进口产品的一半。除上述产品外，化工产品、家具玩具制品等在进口中的比重均超过 6%。目前，中土双边贸易呈现持续下降态势，在对中国出口大幅下降而自中国进口仍保持微弱增长的情况下，土耳其对中国贸易赤字进一步扩大。

2015 年中土双边贸易

2015 年 1–9 月中土双边贸易额为 202.2 亿美元，下降 2.0%。其中，土耳其对中国出口 18.1 亿美元，下降 16.7%，占土耳其出口总额的 1.7%，降低 0.1 个百分点；土耳其自中国进口 184.1 亿美元，下降 0.3%，占土耳其进口总额的 11.8%，提高 1.5 个百分点。1–9 月，土耳其与中国的贸易逆差 166.0 亿美元，增长 1.9%。中国为土第十八大出口市场和第一大进口来源地。

矿产品方面，土耳其对中国 2015 年 1–9 月出口额为 10.5 亿美元，下降 24.7%，占土对中国出口总额的 58.4%。在土耳其对中国出口的矿产品中，金属矿砂出口下降 36.0%，在出口中所占份额进一步降低，大理石矿出口下降 16.0%；另外，矿物燃料对中国出口增长较快，但占比较低，不足 1%。化工产品出口额 2.2 亿美元，下降 6.8%，为土耳其对中国出口的第二大类产品，在土对中国出口中的比重为 12.1%。纺织品及原料为土耳其对中国出口的第三大类产品，在对中国出口中的比重达到 9.4%，出口金额 1.7 亿美元。在对中国出口普遍下降的情况下，机电产品、食品出口分别增长 15.1% 和 30.3%，是土耳其对中国出口中保持增长的两类主要产品。

土耳其自中国进口的为机电产品、贱金属及制品和纺织品及原料方面，2015 年 1–9 月合计进口 125.2 亿美元，占土耳其自中国进口总额的 68.0%，其中机电产品约占土耳其自中国进口产品的一半。除上述产品外，化工产品、家具玩具制品等主要大类商品（HS 类），在进口中的比重均超过 5%。目前，中土双边贸易不平衡持续，土耳其对中国出口额仅约为其自中国进口额的十分之一，且出口下降较快而自中国进口持平或轻微下降，土耳其对中国贸易赤字也进一步扩大。

2016 年中土双边贸易

2016 年中土双边贸易额为 277.6 亿美元，增长 1.9%。其中，土耳其对中国出口 23.3 亿美元，下降 3.5%，占土耳其出口总额的 1.6%，降低 0.1 个百分点；土耳其自中国进口 254.3 亿美元，增长 2.4%，占土耳其进口总额的 12.8%，提高 0.8 个百分点。土耳其与中国的贸易逆差 231.1 亿美元，增长 3.1%。中国为土第十九大出口市场和第一大进口来源地。

矿产品一直是土耳其对中国出口的最主要产品，2016 年出口额为 13.3 亿美元，下降 5.2%，占土对中国出口总额的 57.2%。在土耳其对中国出口的矿产品中，矿砂出口下降 11.7%，所占份额进一步降低至20%左右，大理石矿出口止跌，与上年持平，在总体出口中所占比重上升至36.1%；另外，矿物燃料在对中国出口中的占比极低，约为0.3%。化工产品出口下降21.8%，为土耳其对中国出口的第二大类产品，在出口中的比重为9.3%。纺织品及原料为土耳其对中国出口的第三大类产品，在对中国出口中的比重达到8.8%，出口金额2.0亿美元。在对中国出口普遍下降的情况下，贱金属及制品出口逆势增长93.7%，塑料橡胶出口增长22.0%，光学设备等出口增长30.0%，是土耳其对中国出口低潮中的亮点，但由于上述几类产品在土对中国出口中所占比重较低，未能扭转出口继续下降态势。

土耳其自中国进口的主要商品为机电产品、纺织品及原料和贱金属及制品，2016年合计进口188.4亿美元，占土耳其自中国进口总额的74.1%，其中仅机电产品就占土耳其自中国进口产品的一半以上。除上述产品外，化工产品、家具玩具制品等也为土耳其自中国进口的主要大类商品（HS类），在进口中的比重均超过或接近5%。当前，中土双边贸易不平衡持续，在土对中国出口下降而自中国进口仍保持增长的情况下，土耳其对中国贸易赤字进一步扩大。因此，对土方而言，进一步扩大对中国出口商品范围、增加矿产品、金属等重点产品出口数量应为当务之急。

【“一带一路”机遇】

中国与土耳其地处丝绸之路的东西两端，不仅是古代丝绸之路的关键节点，在当代也是复兴新丝绸之路的天然战略伙伴。中土双方都对复兴丝绸之路有着浓厚的兴趣、共同的愿景。土耳其无疑应成为“一带一路”的重点和优先合作对象。

土耳其在古代丝绸之路上占有重要地位。虽然奥斯曼帝国的崛起在一定程度上阻断了连接亚欧的陆上丝路，迫使欧洲人开辟新航路而发现了新大陆，但伊斯坦布尔至中国的丝路从未中断过。

近代以来，中国与奥斯曼两个古老帝国相继走向衰落，也使繁荣的丝绸之路遭到了前所未有的冲击。在当代推动古老丝绸之路的复兴，是中国与土耳其两国的共同历史使命。中土是推动复兴丝绸之路最积极的两个国家。中土两国都怀有复兴丝绸之路的强烈愿望，并提出了相应倡议、战略规划。

早在 2008 年，土耳其联合阿塞拜疆、伊朗、格鲁吉亚、哈萨克斯坦以及吉尔吉斯斯坦发起了“丝绸之路倡议”，旨在扫除横亘于丝绸之路沿线国家的贸易障碍。2009 年，土耳其总统居尔访华，在与时任国家主席胡锦涛会谈时表达“希望通过两国政府的共同努力，重新振兴古丝绸之路”。2012 年 2 月，时任国家副主席习近平访问土耳其，中土两国领导人都提到了复兴丝绸之路的设想。同年 4 月，土耳其时任总理埃尔多安（现任总统）访华时，就振兴古丝绸之路与中国领导人进行了讨论，提出希望双方共同推动铁路联通古丝绸之路的建设。2013 年，国家主席习近平正式向全世界提出了“一带一路”战略倡议（“丝绸之路经济带”与“21 世纪海上丝绸之路”）。中方还明确提出了规划建设“中国—中亚—西亚经济走廊”的设想。

2014年11月，埃尔多安总统在会见习近平主席特使，中共中央政治局委员、中央政法委书记孟建柱时指出，土政府全力支持习近平主席提出的“一带一路”倡议，愿在此框架内不断提升土中务实合作水平。2015年6月，土政府专门设置了对接“一带一路”倡议的协调员。此外，土耳其加入了亚投行并成为创始会员国。土耳其还规划了多个与“一带一路”对接的具体项目，希望中方积极参加土国内以及连接土耳其—中亚国家的基础设施联通建设。

【中国与土耳其均有“百年愿景”】

当前中土两国都面临实现民族复兴的百年梦想，而复兴丝绸之路则为之提供了强大动力。

在中国方面，习近平主席提出了“两个百年”的发展愿景：一是到2020年，建党一百周年时，全面实现小康社会；二是到2049年新中国成立100周年时，实现中华民族的伟大复兴。“一带一路”是中国深化改革开放、推动东中西部协调发展、构建全方位对外开放新格局的重大战略举措，也是推动实现“两个百年”战略愿景的主要抓手。

土耳其方面，也致力于打造“新土耳其”。2011年，执政的正义与发展党（AKP）政府提出了“2023年愿景”，即土耳其版的“百年愿景”或“土耳其梦”，提出到2023年土耳其共和国建国100周年时要实现的主要目标：加入欧盟；经济总量由目前的世界第17位进入到前十名；GDP达2万亿美元；人均国民收入达2.5万美元；

对外贸易达到 10000 亿美元，其中出口达到 5000 亿美元。而要实现土耳其的百年愿景，加强对外经济合作，尤其是与全球新兴力量亚洲国家的合作，是关键驱动之一。

【中土两国国家发展战略高度对接】

在国家发展战略上，中土也高度契合、完美对接。

首先，中国提出“西进”（March towards West），土耳其“向东看”（Look East），不期而遇，相向而行。

对中国而言，“西进”是中国版的“再平衡”战略，要打破过去将对外开放重心放在西方的格局，在新时期将更加重视与发展中国家的关系，尤其是周边以及丝绸之路沿线国家的合作，开创国际经济合作的新模式。“西进”是重要体现之一。

而对土耳其而言，由于加入欧盟进程的长期停滞不前，以中国为代表的东亚国家的不断崛起，“东向”已成为国家战略。而中国市场、产品、资金、技术已成为推动土耳其实现 2023 年百年愿景的重要外部依靠力量。

其次，中土都有平衡国内区域发展的强烈需求。

对中国而言，“西部大开发”战略是一项长期的政策，“一带一路”倡议也是平衡东西部发展的重大战略措施。土耳其也存在东部大开发的问题。与中国相反，土耳其面临的情况是接近欧洲的西部发达，而广大的东部和东南部不发达。包括现任政府在内的土耳其政府均高度重视东部发展问题。

第三，中土经济互补性很强，合作空间和潜力巨大。中土都属于新兴经济体，都属于全球发展速度最快的国家之列。正义与发展党上台，不仅打破了土耳其数十年的政府更迭频繁、政治不稳定局面，经济上也保持长达十年之久的快速发展。中国因素是土耳其经济腾飞的重要原因。土耳其希望在各层面多领域向中国开放，全面加强对华合作，拓宽经贸合作领域，加强在交通、通信等基础设施建设领域的互利合作，积极探讨在金融、可再生能源、高新科技、矿业等领域扩大合作的可行性，培育两国务实合作新的增长点。

古老的丝绸之路是中土关系的强劲纽带。而今依然如此。依照两国的规划，双边贸易 2020 年要达到 1000 亿美元。

目前中土合作的广度与深度均创历史最高水平，双方在政治、军事、安全、贸易、投资、金融、能源、交通、通讯、矿业、工程承包、旅游、文化、科技等领域全面开展合作。“一带一路”倡议的提出，为加速两国关系发展、深化战略合作提供了强大动力。从未来方面看，中土可围绕“五通”，在政治、安全、经济、人文、科技五大领域同步推进。经济合作方面，可优先在基础设施建设、能源、自贸区、工业区等四大领域深入合作。

二

土耳其对外贸易发展概况

【土耳其货物贸易概况】

据土耳其统计局统计，2016 年土耳其对外贸易继续下滑态势，货物贸易进出口额为 3410.6 亿美元，比上年同期下降 2.7%。其中，出口 1425.4 亿美元，比上年同期下降 0.8%；进口 1985.2 亿美元，下降 4.0%。贸易逆差 559.7 亿美元，下降 11.3%。

分国别（地区）看，2016 年土耳其对德国、英国、伊拉克和意大利的出口额分别占土出口总额的 9.8%、8.2%、5.4% 和 5.3%，为 140.0 亿美元、116.9 亿美元、76.4 亿美元和 75.8 亿美元，对德国、英国和意大利出口分别增长 4.4%、10.8% 和 10.2%，对伊拉克出口下降 10.6%，对上述四国出口占土耳其出口总额的 28.7%；自中国、德国、俄罗斯和美国的进口额分别占土进口总额的 12.8%、10.8%、7.6% 和 5.5%，为 254.3 亿美元、214.7 亿美元、151.5 亿美元和

108.7亿美元，自中国、德国和美国进口分别增长2.4%和0.6%，自俄罗斯和美国进口分别下降25.5%和2.2%。土耳其前五大逆差来源地依次是中国、俄罗斯、德国、韩国和印度，逆差额分别为231.1亿美元、134.1亿美元、74.7亿美元、58.7亿美元和51.1亿美元；顺差主要来自伊拉克、英国和阿联酋，分别为68.0亿美元、63.7亿美元和17.1亿美元，对英国顺差增长27.0%，对伊拉克和以色列顺差分别下降17.6%和36.2%。

分商品看，纺织品及原料、运输设备和机电产品是土耳其的主要出口商品，2016年出口额分别占土耳其出口总额的18.4%、15.1%和14.2%，为262.1亿美元、215.3亿美元和201.8亿美元，其中，运输设备出口增长12.0%，纺织品及原料和机电产品出口分别下降0.4%和2.0%。除矿产品出口降幅接近20%外，多数产品出口降幅均有所收窄，部分产品如贵金属及制品等出口已恢复增长。机电产品、矿产品和贱金属及制品是土耳其进口的前三大类商品，2016年合计进口993.4亿美元，占土耳其进口总额的50.0%。土耳其进口总体出现下降，其中，矿产品进口大幅下降27.6%是主要原因。此外，贱金属及制品进口下降10.4%，也是导致进口持续下降的主要大类商品，但第一大类进口产品机电产品进口已恢复增长，进口增幅为9.8%，运输设备进口也增长3.0%。

三

投资潜力分析

【国际竞争力增强】

近年来，土耳其政局稳定，经济快速发展，投资环境日益改善，越来越受到外国投资者尤其是欧洲投资者的青睐。根据联合国贸易和发展会议（UNCTAD）发布的2013–2015年世界投资前景调查报告，土耳其在世界各经济体中排在前20位。

世界经济论坛《2014–2015年全球竞争力报告》显示，土耳其在全球最具竞争力的144个国家和地区中，排第45位。

世界银行《2015年全球营商环境报告》排名中，土耳其位列189个经济体中的55位。

根据联合国开发计划署发布的《2014年人类发展报告》，2014年土耳其的人类发展指数（HDI）为0.759，位列187个经济体中的第69位。

2014年11月发布的《二十国集团（G20）国家创新竞争力发展报告（2013-2014）》黄皮书显示：2012年G20国家创新竞争力处于第一方阵（1-5位）的依次为：美国、日本、德国、韩国、澳大利亚；排在第二方阵（6-10位）的依次为：英国、法国、中国、加拿大、意大利；处于第三方阵（11-15位）的依次为：俄罗斯、沙特阿拉伯、土耳其、巴西、墨西哥；处于第四方阵（16-19位）的依次为：南非、阿根廷、印度、印度尼西亚。

【高素质劳动力成竞争优势】

年轻意味着活力，会带来巨大的人口红利。土耳其人口不但年轻，而且素质较高。目前，土耳其劳动力在欧盟国家中排名第五位，每年约有近100万高素质劳动力投入就业市场。

2005年至2040年，是土耳其的人口红利优势期。

与拥有“核心竞争力”的发达经济体相比，土耳其赢得增长的力量在于活性竞争力。无论是自然资源，还是劳动力资源，如果始终处于粗放与廉价阶段，过分与过度地倚重，都会限制自己的发展空间，尽管自然资源与劳动力资源短期不会枯竭，但也当未雨绸缪。土耳其没有自然资源优势，但以高素质的劳动力来赢得效率，值得借鉴。

【土耳其积极谋求加入欧盟】

在欧洲，有着7500万人口的土耳其是继俄罗斯和德国之后的第三个人口大国。它与欧洲和近东有着共同的地理形势和历史。土耳其政府已经表达了他们希望加入欧盟的愿望，重申了土耳其 1987 年加入欧盟的申请。磋商正在进行，尽管很慢，还面临一些障碍。土耳其必须在保证民主原则、相关权利和民族信仰方面取得更大的进步。欧盟成员国家必须对于土耳其的申请取得一致意见。

土耳其采取了有效的预防措施，在经济危机袭击全球的情况下，与很多欧盟国家相反，表现出较好的经济发展势态。2009 年土耳其国民平均收入是美国的 4.6%，这是 2002 年差距的三分之一。今后经济问题将不再成为牵制土耳其入盟的因素。

但是，赢得社会的认可也是一个重要的问题。一直以来民众和议会都在入盟问题上犹豫不决。

2010 年 9 月 12 日，土耳其人民投票，对宪法修改提案进行公投，推动民主改革、改组司法界，并削弱军人势力，使土耳其朝参加欧盟的目标迈进一大步。在这同时，此次宪法修改行动，也提高执政党赢得来届大选和第三次执政的可能性。

土耳其加入欧盟谈判在中断 3 年之后于 2013 年 11 月 5 日在布鲁塞尔重新启动。双方此次重启的是第 22 章“地区政策和结构协调”的具体谈判，涉及创造就业、竞争力、创新、经济增长、改善生活质量和可持续发展等所谓的“核心政策”。欧盟重视与土耳其的谈判进程和双边紧密关系，并希望土耳其加快谈判步伐。

作为欧盟在难民危机问题上寻求土耳其帮助的举措的一部分，2015 年 12 月，土耳其代表团在布鲁塞尔启动了入盟谈判。土耳其的入盟谈判已经停止多年，目前双方的磋商内容是欧盟的金融和经济政策。正在进行磋商的第 17 章（入盟谈判 35 章的一部分）的最终目标是使土耳其的金融和经济政策与欧盟规定相一致。土耳其外交部部长梅夫吕特表示，两年后重启谈判是一个比较明显的信号，说明欧盟与土耳其紧密和积极的关系是必要的。

由于在人权、媒体自由和塞浦路斯问题上的分歧，欧盟与土耳其近年来关系陷入僵局。现在欧盟向土耳其寻求阻挡移民潮，而土耳其已经接纳了 220 万叙利亚难民。

四

投资优势和面临挑战

【优势】

土耳其的比较优势主要有以下几个方面：

第一，经济总量迅速扩大。过去 10 年，土耳其国内生产总值（GDP）平均增长速度接近 5%，已成为全球第 17 大经济体，中东第一大经济体。迅猛的发展势头、良好的发展前景，使得土耳其成为继中国、俄罗斯、印度、巴西、南非等“金砖国家”之后又一不折不扣的新兴经济体。

第二，基础设施较完善。公路、铁路、港口、机场等设施完备；通讯技术不断发展；电力等能源设施也逐步完善。土耳其自 2009 年开始实施“2023 年发展规划”，将完善基础设施作为首要任务之一。

第三，政治基本保持稳定。正发党执政以来，主张法律至上、尊重人权，建立自由的现代共和政体，建立和完善市场经济体制，采取多项措施缓和社会矛盾，保持政局稳定。

第四，区位优势显著。土耳其处于亚、非、欧三大洲交界处，地理位置极其优越，逐渐成为地区至关重要的产品、服务、人员、技术的集散地。利用其区位优势，投资者可获得广阔的市场。

第五，市场开放化程度不断提高。土耳其政府致力推进市场经济体制建设，对外开放程度不断提升，已成为地区贸易中心之一。

第六，国内市场不断扩大。随着经济的迅速发展，土耳其人均国民生产总值突破万美元大关，人民的消费能力不断增强，国内市场需求不断增加。

第七，融资条件好。土耳其鼓励金融资金自由流动，没有外汇管制。外来投资者可以从当地市场直接获得信贷；法律和财会体系与国际标准一致，透明度较高；融资渠道众多，包括世界级的商业银行、投资公司和土本国的金融机构等。

第八，人力资源充足且素质较高。土耳其平均年龄 30 岁，正处于人口红利期，劳动力供应充足，且相对便宜、优质。

第九，政策支持。土耳其推行自由和开放的经济政策，对外资实行平等待遇原则，简化外资政策和行政手续，外国投资者可享受国民待遇。

【风险与挑战】

虽然中土在共同推进丝绸之路复兴上有高度共识，“一带一路”

在土耳其的实施有着巨大的空间，机遇很多，但是中土也存在一些障碍与挑战。其中，五大因素最为关键。

第一，政治上，双方战略互信亟待继续加强。应加强高层往来，不断充实战略合作关系的内涵，开展更深入、更扎实、更有效的“高政治领域”的合作（政治、外交、军事、反恐等），充分照顾彼此关切和核心利益。

第二，地缘政治风险。一方面，虽然土耳其政局相对稳定，但其处于大中东动荡弧上，难以完全置身事外。当前的叙利亚危机、伊拉克动荡等就对土耳其安全与稳定构成了严重影响。另一方面，土耳其还面临大国的地缘战略竞争压力。作为北约成员国以及西方的战略盟友，土耳其日益发展的独立自主外交倾向以及与中国建立战略合作关系，使西方感到不安，为此百般阻拦、破坏。典型例子是当年美国阻挠中国购买的瓦良格号航母经土耳其海峡回归，以及反对土耳其购买中国产红旗 –9 导弹系统。

第三，“东突”问题。历史上，一些土耳其政府官员曾公开或暗中支持新疆“东突”分裂分子，在土耳其民间也有一些泛突厥主义势力支持“东突”。这个问题处理不好，不仅会造成中国政府和民间对土耳其不信任，还可能动摇战略合作关系。

第四，土耳其未来经济发展的不确定性。2008 年全球经济危机爆发以来，土耳其高增长阶段基本结束，目前保持 3% 左右的增长率。

最后，解决贸易问题。一是如何实现两国领导人确定的双边贸易额2015年达500亿美元，2020年达1000亿美元的目标。而2015年中土双边贸易额为272.4亿美元，同比下降1.8%。二是长期困扰两国的中国对土日益扩大的贸易逆差问题。三是中土经济结构虽互补性强，但在纺织、建筑等领域竞争也很激烈。土耳其是目前世界上对中国发起反倾销贸易调查最频繁的国家之一。

五

土耳其市场环境

【国内市场】

1. 销售总额

2016 年，土耳其人均 GDP 达到 10807 美元，已成为不折不扣的新兴市场。土耳其社会保障体系较为完善，民众消费基本无后顾之忧。但是，由于贫富差距较大，民众消费水平不一。以四口之家为例，平均消费水平每月约 2100 美元。

2. 物价水平

土耳其是通货膨胀率较高的国家之一，2014 土耳其通胀率为 8.17%，全年有 6 个月通胀率高于 9%，其中 5 月达到 9.66%，为两年来的最高值。攀高的物价使薪资阶层的实质购买力下降。按部门分类，2014 年 4 月消费者物价与上年（2013）同期相比，食品及非酒精性饮料上涨 13.2%、交通运输 13.8%、旅馆餐饮 12.5% 及教育相关支出 10.4% 最高。

土耳其物价水平较高，牛羊价格近年来更是不断攀升。汽油、煤气、水、电等能源价格远高于中国。

【辐射市场】

多边贸易体制。土耳其于 1995 年加入世界贸易组织。

区域经济组织。土耳其是经合组织、20 国集团、澳大利亚集团、黑海经济合作组织、欧大理事会、东南欧合作倡议、西欧联盟（准）、桑戈委员会成员，还是欧盟候选国和美洲国家组织观察员，还与欧盟签署了关税同盟协议。

自由贸易协定。土耳其已先后与欧盟、以色列、匈牙利、罗马尼亚、立陶宛、爱沙尼亚、捷克、斯洛伐克、斯洛文尼亚、拉脱维亚、保加利亚、波兰、马其顿、摩洛哥、埃及、叙利亚、格鲁吉亚、肯尼亚、韩国、马来西亚等 36 个国家达成了双边自由贸易协定。

【经济辐射范围】

土耳其地理位置独特，横跨亚洲、欧洲两大洲，是两大洲商品集散地和海陆空交通枢纽。另外，土耳其与非洲、独联体国家经济联系密切。

【商务成本】

1. 水、电、气价格

以美元表示的工业和生活用电、用水、用气价格，土耳其工业用电费用白天约为 0.102 美元 / 千瓦，夜间为 0.057 美元 / 千瓦[①]；工业用水中的净水价格为 3.7 美元 / 立方米[②]；土耳其工业用天然气成本为 0.03 美元 / 千瓦时[③]。

2. 劳动力供求及工薪

土耳其人力资源相对丰富、便宜、优质，但因临近欧洲，市场竞争较为激烈，部分行业中端人才不足，高端人才稀缺。2014 年，土耳其拥有近 2800 万劳动力，在 27 个欧洲国家的排名中位列第四。但土耳其 35.6% 的劳动力处于最低工资水平，这个比率在欧盟各国中是最高的。

2015 年上半年的净最低工资标准为每月 949.1 里拉，考虑到社会保险、卷业保险和各种税费，雇主雇佣一名当地雇员的最低成本为每月 600.7 美元。

3. 外籍劳务需求

土耳其人口出生率较高，年轻人口比例较高，就业压力较大。

根据土耳其劳工部数据，2009–2013 年间，有约 10 万名外国人申请工作许可，其中 64279 人申请成功。土耳其严格保护本国人就

---

① 数据来源：土耳其电力公司（2015 年初）

②③ 数据来源：伊斯坦布尔水务管理局（2015 年初）

业，依《移民法》《劳动法》和《外国人工作许可法》等法律，无论是当地企业还是外国企业，雇用1个外籍劳工，须同时雇用5个当地劳工。外国人获得工作许可和工作签证的难度很大，已成为企业进入土耳其需面临的“老大难”问题。

4. 土地及房屋价格

土耳其不同地区的土地及房屋价格差别较大。即使在同一城市，土地及房屋价格也存在极大差别，不同地段价格可能相差4–10倍。

5. 建筑成本

土耳其钢材、塑钢资源充足，供应商数量众多，钢材价格小幅波动。

【基础设施条件】

1. 公路

土耳其在运输系统的投资集中于陆路运输。近年来，土耳其公路网络得到迅猛发展，公路总长达38.9万公里，其中国家级高速公路长达3.1万公里。土耳其还发展了欧洲最大的公路运输车队之一。目前，95%的乘客和90%的货物都是通过公路来运输的。

2. 铁路

近年来，土耳其政府大力抓铁路建设，计划通过铁路将沿海港口与一些重要省份实现连接。2008年，土耳其开工建设安卡拉至伊斯坦布尔西半段168公里的铁路。同年，土耳其政府还同格鲁吉亚和阿塞拜疆签署了卡尔斯—第比利斯铁路建设协议。该铁路线的76公里位于土境内，29公里位于格鲁吉亚境内，项目竣工后，从土耳其出发的列车可以穿越格鲁吉亚和阿塞拜疆，到达中亚和中国。此外，位于博斯普鲁斯海峡口的马尔马拉海底铁路隧道于2014年10月29日通车，该隧道把欧、亚两洲的铁路连接起来。

土耳其第一条高速铁路：安卡拉至伊斯坦布尔高铁一期（安卡拉至埃斯基谢希尔）于2009年3月13日通车，全长249公里，时速250公里/小时，运行时间80分钟。第二条高铁：安卡拉至孔亚高铁于2011年8月23日通车，全长301公里，时速250公里/小时，运行时间90分钟。

3. 空运

土耳其现有52个民用机场，其中21个向国际航班开放。土耳其航空公司是欧洲发展最快的航空公司之一，其运输量和运输能力增长在欧洲都名列前茅。截至2014年底，土耳其航空航班目的地264个，包括45个土耳其国内目的地和219个遍布全球其他108个国家的目的地，位居全球各航空公司之首。2011–2014年，土耳其航空连续被评为“欧洲最佳航空公司”（Skytrax界航空公司奖）。2014年，土耳其航空旅客数量高达5500万人次。

阿塔图尔克国际机场是土耳其规模最大的机场，年旅客输送量为2750万人次。安塔利亚机场是第二大机场，年旅客输送量达1500万人次。安卡拉机场、伊兹密尔机场居第三、第四位，年旅客输送量分别为1000万人次和900万人次。目前，土耳其即将开建伊斯坦布尔3号机场，这是迄今为止全球最大的机场，位于土耳其欧洲地区靠近黑海的部分。建成后，将拥有1.5亿年客流量、14个航站楼、40万平方米封闭空间、165架登机桥、6条跑道、3座航空管制塔、8座控制塔、能容纳500架飞机的停机坪以及医院等其他公共服务设施。

目前中国与土耳其之间的直飞航线，除土耳其航空公司（国航与土航签署了该直飞航线的代码共享合作协议）在伊斯坦布尔与北京、上海、广州、香港之间的往返航班之外，还有中国南方航空公司在乌鲁木齐与伊斯坦布尔之间的往返航班，北京时间每周二、五、七从乌鲁木齐机场出发，次日到达伊斯坦布尔。此外经第三国转机到中国的航班主要由阿联酋航空公司、卡塔尔航空公司、埃及航空公司、新加坡航空公司、土库曼航空公司、阿塞拜疆航空公司、俄罗斯航空公司、韩国航空公司等经营。

4. 水运

土耳其北、西、南三面环海，即黑海、马尔马拉海、爱琴海和地中海，还有达达尼尔海峡和博斯普鲁斯海峡，海岸线长达7200公里，这使其海上运输颇具竞争优势。

5. 通讯

土耳其邮政系统完善，各市（县）均有邮政局，服务内容包括国内外邮寄、快递、汇兑款、西联汇款、水电气和电话费等发票的代收业务、电报、各类电话卡销售，此外还开通了网上邮政业务。

土耳其电话设施较发达，几乎村村通电话。目前固定电话服务业务主要由国家电信公司经营，移动通信服务商主要有 3 家，分别是 Turkcell、Avea 和 Voldafone 移动通信公司。2014 年末，土耳其有固定电话 1253 万线、移动电话 7189 万部。目前，土耳其政府力推第四代通信技术（4G），并拟引入第四家移动通信服务商。

土耳其互联网络较成熟，宽带上网较普遍。2014 年，互联网用户达到 4127 万。

6. 电力

2016 年，土耳其总发电量达 2727 万亿千瓦时。土耳其生产的电力尚不足以满足国内需求。目前，土耳其正在大力发展煤电和水电等传统电力，加速发展太阳能、风力、地热等无污染电力，开始发展核电电力。据土耳其输电公司估计，2009–2023 年期间，土耳其电力需求将以每年 6% 的速度增长。

7. 融资渠道

土耳其鼓励外国投资者参与基础设施投资。由于向当地银行融资的成本较高，土耳其政府采购项下的基础设施工程项目绝大多数要求投标商提供融资安排。以中国企业承建的安卡拉—伊斯坦布尔高速铁路二期工程为例，项目总金额 12.7 亿美元，由中国进出口银行提供 7.2 亿美元贷款，欧洲开发银行提供其余 5.5 亿美元贷款。

8. 主管部门

土耳其交通、海事和通信部（Ministry of Transport，Maritime Affairs and Communication），能源和自然资源部（Ministry of Energy and Natural Resources）是负责基础设施建设的主要政府部门。

交通、海事和通信部下设基础建设投资总局和铁路总局（TCDD），分别作为业主，负责具体项目的招标和组织实施。另外，土耳其国库署（Under secretariat of Treasury）是为土耳其政府采购项目提供融资服务的机构，负责与资金提供方协商贷款条件，以及安排贷款偿还方案。

【土耳其的自由贸易区】

为提高土耳其的出口投资和生产，加速外资和外国技术的引进，有序地增加经济收入，提高对外部资金和贸易机会的利用，土耳其于 1985 年通过了自由经济区法第 3218 号法案。此后，先后成立了以下自由经济区：

地中海海岸的 Mersin（1987），Antalya（1987）和 Adana–Yumurtalik（1999）自由经济区；

爱琴海地区的 Aegean（Izmir–1990），Denizli（2001）和 Izmir Menemen 皮革（1998）自由经济区；

伊斯坦布尔地区的 Istanbul Ataturk 机场（1990），Istanbul 皮革和工业（1995），Istanbul Thrace（Catalca–1998）和伊斯坦布尔股票交易国际证券（1997）自由经济区；

黑海沿岸的 Trabzon（1992），Rize（1998）和 Samsun（1998）自由经济区；

东南安纳托利亚地区的 Mardin（1995）和 Gaziantep（1999）自由经济区；

土耳其东部的东安纳托利亚（Erzurum-1995）自由经济区；

土耳其欧洲区的欧洲自由经济区（Tekirdag-Corlu-1999）；

马尔马拉海地区的 Bursa（2001），Kocaeli（2001），Tubitak-Marmara Research Center Technology（2002）自由经济区；

安纳托利亚中心地区的 Kayseri 自由经济区。

土耳其自由经济区内允许从事各种活动，包括生产、存储、包装、一般贸易、银行。投资者可不受任何约束地创建他们自己的设施，经济区还为投资者提供办公场地、生产车间或仓库，政策对投资者非常有利。各领域的活动都向土耳其和外国公司开放。

【兴办自由贸易区的意义】

土耳其政府通过兴办自由贸易区为投资者提供更加开放、更多优惠的投资环境，有效地吸引了外国投资和引进技术，也加快了自由区自身建设，促进了当地经济的发展。兴办自由贸易区的具体考虑是：1. 为加速引进外资，提供一种新的更富吸引力的投资环境和设施；2. 在外资、外贸管理上最大限度地减少繁文缛节和拖拉作风，提高办事效率；3. 减少进口和仓储费用，增强企业竞争能力；4. 扩大产品深加工和销售，增加出口收入；5. 扩大运输、装卸货物、租地、仓储、银行和保险服务，增加服务业收入；6. 增加当地就业人数；7. 吸引更多的外国公司，特别是技术先进的公司投资经营；8. 为完善政策进行试点以提供有益经验，如离岸银行等。其目的在于通过加快外国资本的技术的引进，扩大出口导向型的投资和生产；用经济和行政的手段实现对经济投入（资金和物资）；增加对外资和外贸可能性的有效利用。

为了开拓这一新的发展道路，土耳其政府1985年首次决定兴办第一批4个自由贸易区，即梅尔辛、安塔利亚、爱琴（伊兹密尔）和伊斯坦布尔的阿塔图克国际机场，分布在地中海、爱琴海和黑海沿岸的这4个港口城市，地理位置优越、战略地位重要，成为土耳其对外开放的重要窗口和门户。

政府明确规定，自由贸易区是土耳其的免税特区，有关海关和外汇限制的立法在这里不适用；进口商品完全免税并可转销内地或其他国家；外国投资者可以独资经营，资金可以全部返还，免缴所得税和公司税，利润自由汇出；外汇自由进出，一切支付以外汇结算；享有当地廉价劳动力供应，头10年内禁止罢工等。这些规定是土耳其吸引外国自由投资措施的重大发展。

【自由贸易区的优惠政策】

土耳其自由经济区为外国投资者提供了诱人的投资政策，包括100%的资本汇回和100%的外资经营，对土耳其本国的公司和外国的公司同等对待，提供同样的优惠政策。

土耳其自由经济区提供的优惠政策包括：

1. 在自由经济区内，通过各种经济活动所获得的收入免交任何税费，包括收入税、公司税和增值税；

2. 对雇员的收入不收个人所得税（但需要支付社会保险费用）；

3. 从国外向自由经济区购买商品时不收取任何关税；

4. 在土耳其的领土上存储进口商品和原材料时可免税；

5. 存储的商品可快速交货，没有繁冗的程序；

6. 原材料和中间商品的生产和加工免收关税，同时由于不收取个人所得税，因此可降低雇员的工资成本；

7. 从自由经济区获得的收入可转移到任何国家，包括土耳其，无须获得土耳其政府的同意，也不受税收、关税的约束；

8. 对外汇不进行控制；

9. 自由经济区内使用的货币可以是土耳其中央银行受理的任何一种可自由兑换的货币；

10. 土耳其自由经济区的基础设施建设符合国际标准；

11. 土耳其的地理位置给土耳其自由经济区带来巨大的优势；

12. 土耳其自由经济区临近土耳其的几个重要海港，地中海、爱琴海和黑海。此外，从这些自由经济区都能很方便地到达机场和高速公路；

13. 土耳其自由经济区只受自由经济区法的约束，市政法、护照法和所有其他法律条款在这里将不适用。

【土耳其自贸协定进展】

2015 年 7 月 21 至 24 日，墨西哥和土耳其在安卡拉举行第五轮自由贸易协定（FTA）谈判，墨西哥经济部外贸副部长 Rosenzweig 和土耳其经济部欧盟事务代表 Murat Yapici 主持谈判。两国技术谈判组就原产地规则、海关手续、贸易便利、服务贸易、投资、技术性贸易壁垒、卫生和植物检疫办法等进行了深入谈判，完成了贸易便利章节的所有谈判内容。土耳其是墨西哥在中东欧地区第二大贸易伙伴，从1999年到2014年，双边贸易额增长15倍，2014年双边贸易达9.67亿美元。

【巴基斯坦与土耳其启动自贸区谈判】

2015年10月，巴基斯坦和土耳其在安卡拉签署自贸协定谈判职责范围（TORs for FTA）协议，并宣布正式开启双边自贸协定谈判。土－巴自贸协定谈判是由巴总理谢里夫和土耳其外长艾哈迈德（Ahmet Davutoglu）于2015年2月份在伊斯兰堡召开的高层战略合作委员会（HLSC）第四次会议上提出的。自贸区谈判涉及货物贸易、服务贸易以及投资。

【新加坡土耳其签自贸协定】

经过近两年的谈判，新加坡和土耳其于2015年11月正式签署自由贸易协定，进一步深化两国关系与经济合作。新加坡贸工部指出，这是土耳其历来签署的最为广泛的单一协定，也是土耳其首次将政府采购、知识产权和电子商务等领域纳入自贸协定。协定最迟在2017年获两国国会正式批准。协定生效后，新加坡出口至土耳其的所有关税细目中有八成将率先被解除，包括电子产品、药剂品、化学药品和加工食品等。到了2027年，这个比率将提高至95%。新加坡则会在 2017 年，即协定生效后立即全面解除对土耳其进口产品的关税。

【土耳其与乌、以共建自贸区】

乌克兰《今天》网消息，2017 年 7 月 28 日，土耳其与乌克兰、以色列结束了签署乌以自贸区协定第六轮谈判。乌经济发展和贸易部副部长兼贸易代表米科尔斯卡娅在接受“新时代”采访时宣称：“本轮谈判使我们向签署自贸区协定更近了一步。”

六

中国企业在土耳其的投资机遇

【土耳其外资吸引力强】

2016年，土耳其吸引外商投资总额为123亿美元。其中的大部分源自于欧洲、北美和海湾国家。截至2016年12月，大约有53200家有外资的公司在土耳其开展经营。

土耳其超过一半的FDI来自欧盟国家，已成为欧洲复兴发展银行（EBRD）最大的投资目的地国家，投资额超过10亿欧元。土耳其是目前唯一有资格参与"InnovFin—欧盟创意者融资项目"的非欧盟国家，并于2015年内获得欧洲投资银行（EIB）5500万欧元的资金注入，用以支持汽车制造商TOFAS的技术研发创新。

1. 外资来源

根据土耳其中央银行统计，2016年土耳其吸引的外国直接投资中63%来自欧洲国家，为43.91亿美元。来自欧洲的直接投资额月为 20.1 亿美元，约占 30%。

2. 外资行业分布

2016 年，外资在土耳其的主要投资部门为中介和生产部门，主要包括服务部门（41.91 亿美元）工业部门（26.69 亿美元）和生产部门（17.10 亿美元）。

3. 外资地区分布

截至 2014 年底，土耳其境内外资企业累计达到 41528 家。其中在伊斯坦布尔有外企 24606 家，约占 60%；南部旅游大省安塔利亚 4416 家，列第二位；首都安卡拉 2500 家，伊兹密尔 2110 家，穆拉省 1534 家，梅尔辛省 1018 家。

伊斯坦布尔的 24606 家外企中，9494 家企业从事批发零售业，3973 家从事房地产租赁和其他服务业，从事制造业的企业为 3397 家。而在地中海沿岸省份安塔利亚和穆拉，因旅游业发达，外企主要为房产经营及出租、酒店餐饮和建筑业。

【中企在土重点投资领域】

1. 基础设施建设

“2023 年发展规划”正处于集中发展阶段，完善包括交通运输、电力、房地产等方面的基础设施建设是举国关注的焦点，政府对外招标并给予优惠政策，希望吸引外资投入基础设施建设。其中，太阳能、地热、风能、核电等新型能源的开发和利用催生了诸多投资机遇。

2. 纺织业

土耳其是世界第 5 大纺织服装出口国，纺织业在国民经济中占有举足轻重的地位，纺织技术水平高，服装配套行业也很发达。

3. 旅游业

旅游资源极其丰富，古希腊、古罗马、奥斯曼帝国三大历史遗迹汇聚于此；黑海、地中海、爱琴海将其环绕。独特的旅游资源使其成为全球第 6 大旅游目的国，外来游客数量逐年攀升，旅游产业潜力巨大。

4. 农业

农业基础较好，机械化程度高，农产品种类丰富且质量高，越来越受到世界各国消费者的喜爱。绿色、无污染等高端农业经济及相关的食品制造等产业发展前景良好。

5. 汽车业

政府对汽车业实行大量引进整车制造和本地化生产的双重政策，引进了先进的技术和管理经验，汽车零部件工业整体水平不断提高。

6. 国际物流与运输业

处于三大洲交界地带，区位优势显著，水、陆、空运条件都非常便利，正努力成为国际物流和运输中心。

【中国投资受土耳其青睐】

得益于令人印象深刻的经济增长、有利的商业环境和机遇，土耳其近期一直受到国际投资者的密切关注。土耳其已经成为世界上一个全球性和区域性的参与者。在过去十几年里，平均增长率超过5%，贸易总量接近4000亿美元，年访问人数高达3100万。今天，“土耳其制造”出口至世界每一个国家。土耳其的主要目标是提高土耳其在这些国家的市场份额，并在2023年，即土耳其共和国建国100周年之际，使贸易总额超过10000亿美元。

在过去的十几年里，从中国流向土耳其的外商直接投资非常有限，虽然双方之间存在着巨大的合作可能。2002年1月至2014年6月期间，中国到土耳其的外商直接投资只有5200万美元。事实上，这个数字远远低于两国之间潜在的投资机会。到2014年9月，606个含中国资本的公司在土耳其运作。在土耳其投资的主要中国公司为建筑、基建和工程公司，如中国铁道建筑总公司（承建了伊斯坦布尔–埃斯基谢希尔高铁项目）、华为通信技术有限公司、铁道设备制造公司中国南车集团。

中国的金融公司也在密切观察土耳其的银行金融体系。显然，他们意识到该领域有大量的投资机会。因此，中国银行在土耳其设立了联络处以做调研。而中国工商银行收购了土耳其领英银行（Tekstilbank）76%的股份。

近年来中国对土耳其航天、交通、通讯、新能源等基础设施领域的投资日益增多，这些投资对土耳其经济的发展具有战略意义，而且中国市场潜力巨大，从长远看对土耳其扩大对华出口是有益的。目前，中国华为技术有限公司在土耳其发展取得不小成绩，给土耳其带来了先进技术并创造了不少就业机会。2013 年，中国南车集团在安卡拉投资修建的机车厂也将完工，完工后，机车厂能在土耳其生产地铁和高铁列车，对土耳其未来铁路发展具有战略意义。在新能源领域，中电光伏在伊斯坦布尔已经建立了两个工厂，成为土耳其最大的太阳能光伏电池生产厂家，不仅供应土耳其国内，而且可以向欧洲出口。

中土两国经贸往来近年来一直在持续发展，两国双边贸易额已经连续三年突破 200 亿美元，2014 年更是达到创纪录的 230.18 亿美元，中国已成为继德国之后土耳其第二大贸易伙伴国。不仅如此，两国在文化和旅游方面的交往也发展迅速。2010 年中方在土耳其举办“感知中国—土耳其行”活动，2011 年两国共同庆祝建交 40 周年，2012 至 2013 年两国互办文化年。现在，在土耳其到处都能看到中国游客的身影，在中国民众当中，去土耳其旅游也成了一个热议的话题。同时，也有大量的土耳其人到中国来经商。

伴随着土耳其出现的汉语热、中国文化热，赴土耳其旅游也在中国日益升温，2014 年到土耳其旅游的中国游客已达 20 万人次。文化和民间交往是两国关系发展的基础，只有两国人民加深了解，增信释疑，才能为两国关系友好发展打下良好的基础。

【中国企业积极投资土耳其】

据中国商务部统计，2015 年我对土非金融类直接投资 1.86 亿美元，同比下降 14.8%。截至 2015 年底，对土累计投资额为 10.68 亿美元。

2015年，我对土工程承包合同额达到31.65亿美元，同比增长78.2%；营业额13.39亿美元，同比下降26%。截至2015年底，累计合同额173.65亿美元，累计营业额104.73亿美元。当年派出各类劳务人员4634人，年末在土耳其劳务人员6740人。

中国企业在土耳其投资和工程承包主要集中在电信、金融、交通、能源、采矿、制造、农业等领域。目前在土耳其开展投资或者工程建设的中国公司包括华为技术有限公司、中兴通讯有限公司、中国通用技术集团、中国钢铁工业集团、中国机械设备工程有限公司、中国航空技术国际有限公司、中国铁道建筑总公司、中国天辰工程有限公司、中电电气（南京）光伏有限公司、中国中车股份有限公司、重庆力帆集团、新希望集团、中国海南航空集团、中国南方航空集团、中国国际航空集团、中国工商银行、中国银行、中国国家开发银行等知名企业。

华为于2002年在安卡拉注册，现已成为当地知名通讯设备和服务供应商，招聘本地员工超过700人。中电光伏2012年进入土耳其，利用土耳其在欧盟市场国家地位，规避惩罚性关税，产品主要销往欧洲和北美。

至2015年底，中国企业在土耳其累计完成工程承包营业额104.73亿美元。有超过30家中国工程承建企业和机械、融资配套服务商在当地设立代表处，如中国铁建、机械进出口公司、东方电气、国家开发银行等。

安伊高铁二期项目是中国高铁海外第一单，于2014年1月竣工，合同总金额12.7亿美元，由中国承建并提供融资。2015年5月，中国工商银行完成对土耳其纺织银行75%股权收购，创下中国企业对土耳其单笔最大投资记录，被认为是两国深化金融合作的里程碑。

【土耳其基础设施领域投资机会】

土耳其基础设施市场具有较大的发展潜力，土耳其人口增长稳定，政府私有化运动持续推进，加上土耳其在亚欧之间过境枢纽的地理位置，都对投资者形成了吸引力。铁路、公路、桥梁，城市轨道交通等基础设施市场容量和前景都十分看好。

在土耳其私有化进程的推动下，其基础设施市场的开放程度不断提高，吸引了各国承包商参与市场竞争，世界知名的建筑承包商法国万喜建筑（Vinci）、阿斯塔尔蒂（Astaldi）、豪赫蒂夫等都在土耳其基础设施建设市场表现活跃。中国工程承包企业也已大规模进入土耳其市场，且竞争力较强。

此外，土耳其的本土承包商实力雄厚，国际化水平不断提升，在建筑、大坝、水电、油气管道、铁路和机场领域建设了众多大项目。2015年ENR[①]250家最大国际承包商评选中，土耳其入选企业达43家。

交通基础设施是土耳其吸引私人投资的重点领域，2014年土耳

① ENR:Engineering News-Record，中文译作《工程新闻记录》，是全球工程建设领域最权威的学术杂志，隶属于美国麦格劳－希尔公司。

其交通基础设施产值为73.2亿美元，受益于土耳其政府2014年推出的融资担保政策，一批交通领域大型项目顺利推进，中长期内至2024年，预计土耳其交通基础设施行业产值将保持5.5%的年均增速。

能源和公共事业基础设施在土耳其基础设施中占比最大，2015年估计将达到59%。2014年，土耳其能源与公共事业基础设施产值达到了104.7亿美元，中长期内，该行业市场继续保持活跃动向，支撑2015–2019年年均实际增速达到6.7%。

随着土耳其的医疗私有化步伐加快，以及“城市再生计划”的推出，将带来大量房屋改造及扩建项目需求。仅“城市再生计划”一项，未来十年的总价值就将达到5000亿美元。伊斯坦布尔仍将是房屋建筑领域投资和发展的中心。此外，高规格的商业、住宅和旅游项目的开发也将为房屋建筑行业带来长期的增长点，吸引了外国投资方的参与。

【中土两国推进双向投资的措施】

1. 发挥政策引导作用

两国经贸部门要充分发挥政府间合作机制的宏观指导和统筹协调作用，加强沟通和磋商，妥善规划合作方向，进一步扩大市场开放，努力提高贸易和投资便利化程度。进一步完善双边合作机制，创新经贸合作方式，为两国经贸合作营造更好环境。

2. 加强双方在多边领域的协调

中土都是发展中大国，也都是G20成员。在新的国际形势下，两国的共同利益和关切越来越多。中方愿与土方在应对金融危机、完善世界经济治理结构、推进多哈回合谈判、应对气候变化等一系列重大问题上，加强沟通与协商，更好地维护发展中国家的共同利益，为促进世界经济的和谐发展做出贡献。

3. 不断扩大双方合作领域

中土双方应继续鼓励两国企业进一步扩大双向投资；继续加强交通、电信、电站等领域的合作，探讨在风能、太阳能和核能等新能源领域合作的可行性；支持两国银行界为双方企业合作提供更好的金融服务；充分利用土耳其地处亚欧非三大洲交通枢纽的地缘优势，支持两国企业共同开拓第三方市场。

深化能源领域合作、开展全方位非资源领域合作是中土两国领导人的共同倡议。中土双方要充分发挥各自经济优势，在巩固和发展长期、稳定、互利的能源合作关系的同时，不断拓展非资源领域的合作，推进交通、通信、基础设施建设等重点领域合作项目，积极培育新的投资和贸易增长点。中国在电站、高速公路、市政建设等方面拥有丰富经验，在机械设备、轻工纺织、电信、电子等产业领域具备一定优势。土耳其方正在全力推动经济复兴，在上述领域具有巨大的需求空间。

本章要点

中国与土耳其建交四十多年来，政治、经济和文化交往日益密切，双方签订了包括外交关系、政府间贸易、经济合作、技术合作、海关事务等方面的十余项协定、协议和备忘录等，夯实了两国经济来往的基础。

据统计，中国是土耳其第二大贸易伙伴，仅次于德国和俄罗斯，同时也是土耳其第十八大出口市场和第一大进口来源地，从贸易情况来看，土耳其对中国贸易逆差较大，主要进口产品集中在电子数码产品和零部件。

土耳其曾是“丝绸之路”的关键节点，而今也是“一带一路”沿线的重点国家之一，2014 年，土耳其政府表示全力支持“一带一路”倡议，2015 年，土政府专门设置了对接“一带一路”的协调员，并加入亚投行成为其创始会员国。

在发展战略上，中土两国分别提出了“百年愿景”，中国“一带一路”向西的战略和土耳其“向东看”的国家战略高度对接，合作前景突出。

从土耳其对外贸易发展情况看，土耳其的出口目的地遍及全球 235 个国家和地区，国际化成都较高，服务贸易进出口世界排名在 20–40 之间，竞争力较强。

土耳其近年来投资竞争力不断增强。根据联合国贸易和发展会议 (UNCTAD) 发布的 2013–2015 年世界投资前景调查报告，土耳其在世界各经济体中排在前 20 位。世界银行《2015 年全球营商环境报告》排名中，土耳其位列189个经济体中的55位。

从国内市场环境来看，土耳其人口基数大，消费水平不一，通货膨胀率较高，但整体购买力较高。

从国外市场来看，土耳其是世界贸易组织成员，加入了20国集团等多个区域经济组织，与超过30个国家签署了双边自由贸易协定。

从基础设施条件看，土耳其的陆路运输系统发达，发展了欧洲最大的公路运输车队，95%的乘客和90%的货物都是通过公路来运输，

土耳其现有52个民用机场，其中21个向国际航班开放。土耳其航空公司是欧洲发展最快的航空公司之一，其运输量和运输能力增长在欧洲都名列前茅。

为提高对外经济贸易发展水平，近年来，土耳其在全国各个地区成立了超过20个自由经济区，吸引外国投资和技术引进，是外国人进行投资贸易的首选目的地。

TR

THE REPUBLIC OF TURKEY

第二章

土耳其的投资环境

02

旧貌与新颜

无论是古老的土耳其，还是现代的土耳其，都是一个极具魅力和潜力的国家。

从历史上看，土耳其是个不折不扣的文化古国，遍布全国的遗迹见证着悠久历史上的大起大落。如今，土耳其已经是一个极具崛起潜力的发展中国家，在全球的影响力也越来越强。

从地理上看，土耳其可以说是兼具优越交通环境和区位优势的国家之一，横跨亚欧两大洲，三面环海，海陆交通便利，在古代，这造就了土耳其辉煌的文明和商业文化，在今天，这是一个国家发展的重要优势，而且影响力变得越来越强。

从资源储备上来看，土耳其的矿产资源丰富，其中大理石储量占世界总量的40%，品种数量均居世界首位；硼矿、铬、煤等储量也居世界前列；河流资源丰富，底格里斯河和幼发拉底河均发源于土耳其境内；森林资源也很丰富，是西亚森林覆盖率最高的国家。

从政治上看，1923 年 10 月 29 日，土耳其共和国成立。现行的宪法是 1982 年 11 月 17 日开始生效的第三部宪法，宪法规定土耳其为民族、民主、政教分离和实行法制的国家。土耳其政治体制效仿欧洲，实行共和制。土耳其宗教气氛相对宽松，社会风气较为多元开放，新闻制度相对开放、自由；工会等非政府组织可在一定条件下自由组织，且发挥作用的空间较大。总体而言，土耳其社会稳定，治安较好。

如果要评估土耳其的投资环境，历史、地理、资源储备和政治环境可以说是四个重要的基本盘，如果要来一单快速的“买卖”，可能只需要知晓一个信息就能完成，但如果是扎根下来经营一门“生意”，这些信息的重要性可能会越来越重要。

土耳其还是旅游的天堂，各种宗教遗迹、帝国古城、古典建筑绝对是吸引国内外旅游“大军”的重要“法宝”。地理上造就的便利运输体系，接近欧洲的天然区位优势，也为中国企业打入欧洲提供了踏板，政治环境的稳定可控，更是偏好稳定的中国人的理想目的地。

不管是要了解土耳其，还是要评价土耳其，二元的视角是必备的。无论是旧貌还是新颜，土耳其的文化造就了土耳其的魅力，土耳其的交汇提供了土耳其的潜力，行商宜重长远，从这个角度来说，土耳其是一部有意思的大书。

一

地理环境

【地理位置】

土耳其位于亚洲最西部，横跨欧洲、亚洲两大洲。国土面积78.36万平方公里，其中97%位于亚洲的小亚细亚半岛（又称安纳托利亚半岛）；3%位于欧洲的巴尔干半岛，称为东色雷斯。土耳其三面环海，北为黑海，西为爱琴海和马尔马拉海，南为地中海，海岸线长7200公里。土耳其与亚、欧8个国家相邻，陆地边境线长2648公里。东有格鲁吉亚、亚美尼亚、阿塞拜疆、伊朗；东南有伊拉克、叙利亚；西有保加利亚、希腊；北部隔海与罗马尼亚、俄罗斯、乌克兰相望；南部隔海与塞浦路斯相对。

土耳其首都安卡拉属于东2时区，比北京时间晚6个小时；每年3月到10月实行夏令时，比北京时间晚5小时。

【行政区划】

土耳其行政区划等级为省、市（县）、乡、村。全国共有 81 个省，面积最大的省为中南部的科尼亚省，面积最小的省为西部的亚洛瓦省。

首都安卡拉为全国政治中心、第二大城市，位于安纳托利亚高原中部。

安卡拉分老城和新城两部分，老城仍保留着奥斯曼时代的风貌，以一座小山丘上的古城堡为中心。新城环绕在老城东、西、南三面，大国民议会和政府主要部门都集中于南面。

伊斯坦布尔为全国工业、贸易、金融、文化中心和最大城市，居博斯普鲁斯海峡两岸，扼黑海和马尔马拉海出入门户，是区域交通枢纽。伊兹密尔为全国第三大城市，位于西南部爱琴海之滨，是旅游度假胜地。

【自然资源】

土耳其的矿产资源丰富，主要有大理石、硼矿、铬、钍和煤等，总值超过 2 万亿美元。其中，大理石储量占世界 40%，品种数量均居世界第一。三氧化二硼储量 7000 万吨，价值 3560 亿美元；钍储量占全球总储量的22%；铬矿储量1亿吨，居世界前列。此外，黄金、白银、煤储量分别为 450 吨、1100 吨和 85 亿吨。

石油、天然气资源匮乏，需大量进口。

土耳其河流资源丰富，湖泊众多，著名的底格里斯河和幼发拉底河均发源于土耳其境内。

森林资源也很丰富，面积22万平方公里，森林覆盖率居中东国家之首。

【气候条件】

土耳其西部及南部沿海地区属典型的地中海型气候，夏季炎热、少雨，冬季则温和、多雨，南部沿海地区夏季极端气温达40℃以上。北部沿黑海地区，终年温和且多雨。中部和东部等非沿海地区为大陆型高原气候，夏季炎热干燥，冬季寒冷。

【人口分布】

据土耳其政府公布的数据，截至2015年底，土耳其人口达7874万人，同比增长1.34%。其中男性人口占50.2%，女性人口占49.8%。92.1%的人口生活在城市，仅有7.9%的人口生活在农村。

土耳其人口最多的5个省（包括常住外国人）分别为：伊斯坦布尔省，人口1467万，占全国人口的18.6%；安卡拉省人口527万，占全国人口的6.7%；伊兹密尔省417万，占全国人口的5.3%；布尔萨省，人口284万，占全国人口的3.6%；安塔利亚省，人口229万，占全国人口的2.9%。以上几个省份也是华人分布相对集中的地区。

【简要历史】

土耳其史称突厥，8世纪起从阿尔泰山一带迁入小亚细亚。

1299年，突厥人建立奥斯曼帝国。1453年，奥斯曼帝国攻陷君士坦丁堡，消灭东罗马帝国；16世纪达到鼎盛，统治区域地跨欧洲、亚洲、非洲三大洲；17世纪开始衰落。在第一次世界大战中，土耳其加入同盟国作战；1918年，因战败而沦为半殖民地国家。1919年，凯末尔发动民族解放战争；1923年10月29日，土耳其共和国成立，凯末尔当选首任总统。2002年11月至2015年6月，正义与发展党（以下简称“正发党”）在土耳其连续单独执政，政绩较为突出，执政地位相对稳固。2015年6月，土耳其举行议会选举，正发党赢得40.8%的选票，连续第四次成为议会第一大党，但因议席未过半数，失去单独执政地位，该党主席达乌特奥卢组建跨党派联合政府失败。11月，土耳其再次举行议会选举，正发党以49.5%的得票率成功获得过半议席，重新获得单独执政权。该党主席达乌特奥卢组建新内阁并于11月30日顺利通过议会信任投票。2016年5月22日，正发党召开特别大会，选举产生新任党主席耶尔德勒姆，总统埃尔多安授权耶尔德勒姆组阁。5月29日，新内阁通过议会信任投票正式就任。2016年7月15日晚间，土耳其发生武装部队总参谋部部分军官企图发动军事政变，7月16日，土耳其当局宣布此次政变平息。

二

政治环境

【政治体制】

土耳其政治体制效仿欧洲，为共和体制。

【宪法】

现行宪法于 1982 年 11 月 7 日生效，是该国第三部宪法。宪法规定：土耳其为民族、民主、政教分离和实行法制的国家。

【总统】

总统为国家元首、三军统帅，任期 5 年。现任总统是雷杰普·塔伊普·埃尔多安。

【议会】

全称为土耳其大国民议会，是土耳其最高立法机构。共设 550

个议席，议员根据各省人口比例经选举产生，任期 4 年。实行普遍直接选举制，18 岁以上公民享有选举权。只有超过全国选票 10% 的政党才可拥有议会席位。本届议会成立于 2015 年 11 月，是土耳其第 26 届议会。目前议会席位分布情况是：正义与发展党 317 席，共和人民党 133 席，民族行动党 40 席，人民民主党 59 席，独立议员 1 席。

【政府】

即部长会议（内阁），由总理和部长组成。其中，总理由总统在大国民议会议员中任命；部长可由议员或具有参选议员资格的人士担任。总统可在必要时免除或根据总理建议免除部长职务。部长会议的基本职责在于制定、实施国家的内外政策，对议会负责。2015 年 11 月 24 日，土耳其总统埃尔多安任命达武特奥卢为第 64 届前总理并批准内阁名单。2016 年 5 月 5 日，达武特奥特卢宣布辞去正义与发展党（正发党）主席，并于 22 日辞任总理。时任交通部长耶尔德勒姆在 22 日召开的正发党特别代表大会上当选党主席，并接受总统授权，就任政府总理，组建第 65 届内阁。5 月 24 日，埃尔多安批准了第 65 届政府内阁名单。

【司法】

土耳其中央一级的法院有宪法法院、上诉法院、行政事务法院、司法分歧法院、审计法院等。其中宪法法院具有完全独立的司法权力，可以推翻不符合宪法的议会决议。

【主要党派】

土耳其自1945年实行多党制以来，国内政党林立，主要政党有正义与发展党（简称“正发党”，AKP）、共和人民党（CHP）、民族行动党（MHP）、人民民主党（HDP）等。

正发党在2001年由多个原右翼党派的成员联合成立，2002年起执政至今。正发党执政后，政治上主张民主自由，经济上倡导市场经济，对外实行全方位外交，得到了民众的广泛拥戴。2015年，正发党候选人、前任总理埃尔多安以绝对优势赢得地方选举。

共和人民党是最大反对党，也是土耳其历史最悠久的政党。共和人民党主要获知识分子、企业家等中产阶级人士的支持，但与工会、商会及非政府组织的关系较疏离。

民族行动党是第二大反对党，主要受民族主义者和宗教保守人士的支持。

【对外关系】

奉行在“普世价值”与国家利益之间寻求最大平衡的外交政策，联美、入欧、睦邻是其外交政策三大支柱，同时重视发展同包括中国、日本、韩国在内的亚太及中亚、巴尔干和非洲国家关系，注重外交多元化。

近年来，土耳其凭借其日益增强的综合国力和地缘优势，采取更加积极进取的外交政策。重视多边和区域外交，注重经济外交，以维护本国利益。长期维护与美国的战略伙伴关系，为北约成员。

土耳其一贯重视与欧洲的传统合作关系，并将加入欧盟作为既定战略目标。近年来，开始拓展与亚洲、非洲国家的关系，寻求外交多元化。

2015 年土耳其成功主办二十国集团领导人峰会。西亚北非地区局势动荡以来，深度介入利比亚、叙利亚等地区热点问题，以提升自身对地区事务的影响力和塑造力。着力巩固与其他突厥语族国家的关系，扩大在中亚、外高加索和巴尔干地区的影响力。注重发展同阿拉伯及伊斯兰国家的关系，支持推翻叙利亚巴萨尔政权。但是，在民主、人权、亚美尼亚、塞浦路斯等问题上，土耳其一直与西方国家存在分歧。近年来，土耳其与埃及、叙利亚、伊朗、以色列等中东国家相继发生龃龉。2015 年 11 月，土耳其在叙利亚边境击落一架俄罗斯战机，俄土关系骤然变得紧张。

【政府机构】

土耳其政府的行政职能由总统和部长委员会共同行使。总统由议会三分之二以上多数选举产生，总统任命总理。内阁部长由总理提名，总统任命。政府的运作由部长委员会负责。

土耳其政府的机构设置有：总理府、20 个部、7 个直属总理府的署和总局等。

主要经济部门有：

经济部：负责对外贸易、外资、经济合作事务等；

海关和贸易部：负责国内工业、国内贸易及海关事务等；

劳动和社会保障部：负责就业、社会保障、批准外国人工作准证等；

交通部：负责铁路、公路、港口、航空、电信等；

能源和自然资源部：负责石油、天然气、电力、煤炭、核能、太阳能、风能、地热和矿产资源等；

财政部：负责政府预算管理和执行等；

总理府国库署：负责外资政策制订、对外借贷等；

进出口银行，海关署等。

三

社会文化环境

【民族】

土耳其 80% 为土耳其族，15% 为库尔德族（主要分布在东部及东南部），另有阿拉伯、亚美尼亚和希腊等少数民族。

【语言】

土耳其官方语言为土耳其语，少数民族同时使用库尔德语、阿拉伯语、亚美尼亚语和希腊语。

【宗教】

土耳其 99.8% 的居民信仰伊斯兰教，其中 85% 属逊尼派，其余为什叶派；0.2% 的人信仰东正教、天主教、犹太教等。土耳其宗教气氛相对宽松，与其他西亚地区伊斯兰国家迥异，在男女握手、饮酒等方面无特殊禁忌，但禁食猪肉。进入清真寺时须脱鞋，忌大声喧哗。

【习俗】

土耳其社会风气比较多元、开放，由于地理位置、历史渊源、申请加入欧盟等原因，当地人习惯将自己视为欧洲人而非亚洲人。服饰也是西式服装与伊斯兰教传统服装交杂，大多数人特别是受过高等教育的人和年轻人穿西式服装，大多数女士不系头巾。在商务活动场合宜穿正装西服，女性忌穿无袖衣服。

家人、朋友、同事见面或分手时多行贴面礼，左右面颊分别互贴一下，相互亲近的人还会在贴面时发出轻微的亲吻声。

拜访客人宜提前预约，准时赴约。初次到别人家或公司拜访，宜带甜点或小礼物作为见面礼。

喜喝浓咖啡，喝茶加糖。喜食牛、羊肉，忌吃猪肉，忌用猪、熊猫等做图案。除在一些传统餐厅外，其他场合可以饮酒。所有室内公共场所禁止吸烟（屋顶敞开处除外）。酒店、餐厅、机场等公共场所的服务一般收取小费。

【科技】

土耳其近年来强调科技立国，研发（R&D）支出占国内生产总值（GDP）的比重逐年增加，并将国防科技和太空科技放在科技发展的重要位置。

【教育】

2005 年 6 月，土耳其参照欧盟标准对教育体制进行了改革。现行学制为小学 8 年、中学 4 年、中专 2–3 年、大学 4–6 年。小学为义务教育。共有各类学校 6.7 万所，在校学生约 1993 万人，教师约 73 万人。2012 年 3 月，土耳其议会再次对义务教育制度进行改革，规定义务教育由原来的 8 年延长至 12 年，并改为小学 4 年，初中 4 年和职业专科学校 4 年的模式。现有大学 198 所。著名高等学府有中东科技大学、海峡大学、伊斯坦布尔大学、安卡拉大学、比尔肯特大学、爱琴海大学、哈杰泰普大学等。

【医疗】

土耳其医疗卫生条件较好，各个城市均有健全的医院、诊所和急救设施，治疗方式以西医为主。医疗保险覆盖大部分城镇。享受医疗保险者在公立医院就医几乎免费，但预约时间较长。私立医院或诊所很多，但收费较高。

据世界卫生组织统计，2013 年土耳其全国医疗卫生总支出占 GDP 的 5.6%，按照购买力平价计算，人均医疗健康支出 1053 美元；2015 年土耳其人均寿命为 76 岁。2007–2013 年间，平均每万人拥有医生 17 人、护理和助产人员 24 人、牙医 3 人、药师 4 人。近年，土耳其没有发生大规模的流行性传染病。

土耳其境内目前没有中国政府派出的援外医疗队。

【工会及其他非政府组织】

根据土耳其法律，工人可自由组织工会，其限制条件是：行业工会须拥有该行业10%的工人，企业工会须拥有该企业50%的工人。也可自由成立非政府组织，但须经内政部批准。集会、游行、罢工等在土耳其较常见，但须经批准。在警方掌控下，这些活动基本上能和平进行。对于非法游行，警方取缔的力度也很大。

【罢工】

自2013年5月底起，土耳其发生持续数月的反政府抗议活动。起初是约50名环保人士在土耳其最大城市伊斯坦布尔搭建帐篷营地，抗议政府将塔克西姆盖齐公园征收改造成购物中心。随后活动蔓延到土耳其上百个城市，土耳其公共雇员工会组织联合会（KESK）等机构参与组织，数百万民众参与抗议，其他国家的土耳其人社区也有声援。抗议活动虽在短期内造成土耳其政坛震荡，经济金融市场受到消极影响，但在政府强势干预下最终平息。在土耳其中资企业未参与以上抗议运动。

2014年5月，土耳其史上最严重矿难引发工会大罢工。

【通讯社】

阿纳多卢通讯社、安卡拉通讯社为土耳其最主要的通讯社，属半官方性质。经济新闻通讯社是非官方通讯社，主要面向银行界和实业界。

【广播电视】

最大广播电视机构为土耳其广播电视组织（TRT，半官方机构），对内广播电台主要有安卡拉、伊斯坦布尔、伊兹密尔电台等；对外用16种语言广播。共有各类私营电台454家，电视台71家。1994年4月，议会通过《私营广播电视机构及节目法》。

【报刊】

发行报纸近2500种，其中全国性的117种；杂志约3200种。《自由报》《国民报》和《晨报》为土耳其3大非官方报；《时报》和《共和国报》代表共和人民党立场；《喉舌报》和《土耳其报》具有原教旨主义和泛突厥主义色彩；发行量最大的英文报纸是《每日新闻》，其他英文报纸还有《商业时报》《时代》等。

【对华舆论】

土耳其媒体涉华报道总体上追随西方视角和观点。对中国经济、社会和文化等方面的发展成就有正面报道，但不多见。中资企业在土耳其投资兴业时，要积极与媒体沟通，以免因误会造成不必要的麻烦。

【社会治安】

土耳其社会总体稳定，治安较好。但是，2015年以来，最大城市伊斯坦布尔、首都安卡拉、东南部地区等暴力恐怖袭击频繁发生，安全形势急转直下。由于邻国叙利亚、伊拉克发生战乱，大量难民涌入土耳其，主要城市流动人口激增、成分复杂，旅行者需注意。

2015 年以来，受“东突”势力煽动以及当地一些媒体炒作等因素影响，土耳其多次发生反华活动，威胁到华人华侨的安全，增加了中国企业到土耳其投资兴业的风险。

四

经济环境

【当地货币】

土耳其货币名称为土耳其里拉。土耳其实行浮动汇率制度，近几年汇率变动：2014年6月30日，1欧元可兑换约2.8土耳其里拉，1美元可兑换约2.1土耳其里拉；2015年4月14日，1欧元可兑换约2.85土耳其里拉，1美元可兑换约2.67土耳其里拉；2016年9月8日，1欧元兑换3.30土耳其里拉，1美元可兑换2.93土耳其里拉。截至2017年11月1日，1欧元可兑换约4.5新土耳其里拉，1美元可兑换约3.9新土耳其里拉，里拉不可直接兑换人民币，1人民币约可兑换0.6新土耳其里拉。

里拉不可直接兑换成人民币。

【外汇管理】

土耳其无外汇管制，居民可自由持有外币，在银行、授权组织、邮政局和贵重金属经纪机构购买外汇，在土耳其和国外银行存取外汇。土耳其居民可直接从非土耳其居民手中接受外汇支付。土耳其居民和非土耳其居民可通过银行将5万美元以下外汇一次性自由转移到国外，银行应在转账之日起30天内将外汇转出国外（包括从外汇储蓄账户进行的转账）情况通报给国家指定的机构。

外国投资企业可在土耳其开立外汇账户。外币可存入外币账户，只有在成为注册资本时才必须转换成里拉。在清算或销售得以保证的情况下，可自由转移利润、手续费、版权费和汇回资本。获得外汇并不困难，汇出或汇入资金也无限制。

旅行者可自由携带外汇现钞出境，但不得超过5000美元。

【银行和保险公司】

土耳其银行业发达，有50多家银行，主要的本地商业银行有实业银行（Isbank）、担保银行（Garanti Bankasi）、进出口银行、阿克银行（Akbank）银行等。主要外资银行有汇丰银行、花旗银行、富通（Fortis）银行等。其中与中国银行合作较紧密的当地银行有担保银行和实业银行，这两家银行在上海设有办事处。

中国工商银行已成功收购土耳其纺织银行75.5%的股份，这是目前为止中国对土耳其的最大单笔投资，也是中资银行首次在土耳其设立营业性机构。被并购的纺织银行总部位于伊斯坦布尔，旗下拥有44家分行，致力于企业和商业贷款以及贸易金融业务。

此外，中国银行投资3亿美元在土耳其设立分行已经得到两国银行监管部门的批准，有关事宜正在推进。中国国家开发银行在伊斯坦布尔派驻了工作组。

土耳其保险业资产规模小，保险与养老金资产在金融系统中的资产规模仅占3%。根据世界贸易组织统计结果，2014年，土耳其保险密度仅为人均153美元，保险渗透率为GDP的1.4%。保险行业亦是对外贸易赤字部门，出口额为11.6亿美元，进口额为16.7亿美元。

寿险业尚处起步阶段。受伊斯兰教信仰的影响，土耳其人对保险业的接受度不很高，历史上的高通胀水平和动荡的金融市场也大大影响了土耳其人的长期储蓄行为。为汽车等高价值固定资产购买商业保险非常普遍。

占有较大市场份额的保险公司包括Axa、Anadolu、Ak、Alliance、Yapi、Kredi等，其中大多数含有外资成分。

【融资条件】

土耳其鼓励金融资源的自由流动。外国投资者可从当地市场获得信贷。法律和财会体系有透明度，并且与国际标准一致。

土耳其商业贷款的发放依据市场条件。借款成本偏高，投资者多寻找国际融资。

2016年8月23日，土耳其央行下调贷款利率25个基点至8.5%。

维持基准回购利率在 7.5% 不变。维持隔夜借款利率在 7.25% 不变。

中资企业目前不可以使用人民币在土耳其开展跨境贸易和投资合作。

【银行卡使用】

土耳其借记卡、信用卡（贷记卡）的使用十分普及。根据土耳其银行间卡片中心（BKM）统计数据，2015 年，土耳其居民持有的银行卡数量超过 1.71 亿张，较上年增长 15%，成为欧洲地区银行卡流通量最大的国家。通过银行卡进行的支付数量较上年亦增长 15%，其中信用卡支付次数增加 14%，借记卡支付次数增加 28%。通过银行卡进行的交易额首次超过 1 万亿土耳其里拉，其中信用卡支付额 5260 亿里拉，借记卡支付额 5010 亿里拉。此外，土耳其境内拥有刷卡机 230 万个，自动取款机 42000 台。

中国国内发行的银联卡可在土耳其担保银行使用，还可在该银行设有中文页面的自动取款机上办理取款手续。

【证券市场】

土耳其证券市场的起源可以追溯到 19 世纪 50 年代，最初主要是债券交易。1985 年伊斯坦布尔证券交易所（ISE）正式挂牌成立，并逐步发展为世界 5 大证券交易所之一。

2013 年 4 月 3 日，伊斯坦布尔交易所（BIST）成立，它整合了 ISE、伊斯坦布尔黄金交易所和土耳其衍生产品交易所，是目前土耳其唯一证券交易所。外国基金进入土耳其投资股市免收增值税和所得税等。截至 2013 年底，BIST 市值 2700 亿美元，共有上市公司 420 家。该交易所运作机制和结构完全符合欧盟标准，为外国投资者提供一个服务优惠、交易自由、信息共享透明的环境。2013 年，BIST 与美国纳斯达克证券交易所签署战略联盟协议，相互持股，并于 2016 年上市。2016 年 7 月 18 日，伊斯坦布尔证交所 100 指数跌 5.1%，创 2015 年 8 月以来最大跌幅。

【劳动力供求及工薪】

土耳其人力资源相对丰富、便宜、优质，但因临近欧洲，市场竞争较为激烈，部分行业中端人才不足，高端人才稀缺。2014 年，土耳其拥有近 2800 万劳动力，在 27 个欧洲国家的排名中位列第四。但土耳其 35.6% 的劳动力处于最低工资水平，这个比率在欧盟各国中是最高的。

政府自 2016 年 1 月 1 日起大幅提高最低工资标准。2016 年上半年的净最低工资标准为每月 448.62 美元，考虑到社会保险、失业保险和各种税费，雇主雇用一名当地雇员的最低成本为每月 667.32 美元①。

【外籍劳务需求】

土耳其人口出生率较高，年轻人口比例较高，就业压力较大。

① 资料来源：劳动及社会保障部

根据土耳其劳工部数据，2009–2013年间，有约10万名外国人申请土耳其工作许可，其中64279人申请成功。土耳其严格保护本国人就业，依《移民法》《劳动法》和《外国人工作许可法》等法律，无论是当地企业还是外国企业，雇用1个外籍劳工，须同时雇用5个当地劳工。外国人获得工作许可和工作签证的难度很大，已成为企业进入土耳其需面临的“老大难”问题。

【土地及房屋价格】

土耳其不同地区的土地及房屋价格差别较大。即使在同一城市，土地及房屋价格也存在极大差别，不同地段价格可能相差数十倍。

【建筑成本】

土耳其钢材、塑钢资源充足，供应商数量众多，钢材价格小幅波动。

本章要点

土耳其矿产资源丰富，其中大理石储量占世界总量的40%，品种数量均居世界首位；硼矿、铬、煤等储量也居世界前列；河流资源丰富，底格里斯河和幼发拉底河均发源于土境内；森林资源也很丰富，是西亚森林覆盖率最高的国家。

土耳其政治体制效仿欧洲，实行共和制。其宗教气氛相对宽松，社会风气较为多元开放，新闻制度相对开放、自由。

土耳其位于亚洲最西部，横跨欧洲、亚洲两大洲。国土面积78.36万平方公里，其中97%位于亚洲的小亚细亚半岛（又称安纳托利亚半岛）；3%位于欧洲的巴尔干半岛。

据土耳其政府公布的数据，截至2015年底，土耳其人口达7874万人，92.1%的人口生活在城市，仅有7.9%的人口生活在农村。

现行宪法于1982年11月7日生效，是该国第三部宪法。宪法规定：土耳其为民族、民主、政教分离和实行法制的国家。

2015年7月，土耳其总统埃尔多安对华进行国事访问。其间，习近平主席同埃尔多安会谈，李克强总理和张德江委员长分别同埃尔多安会见，双方就双边关系及共同关心的国际和地区问题深入交换意见并达成广泛共识。双方签署《中华人民共和国政府和土耳其共和国政府关于建立副总理级合作委员会的谅解备忘录》。

土耳其无外汇管制，居民可自由持有外币，在银行、授权组织、邮政局和贵重金属经纪机构购买外汇，在土耳其和国外银行存取外汇。

土耳其银行业发达，有50多家银行，主要的本地商业银行有实业银行(ISBANK)、担保银行(Garanti Bankasi)、进出口银行、阿克银行(Akbank)银行等。主要外资银行有汇丰银行、花旗银行、富通(Fortis)银行等。

TR THE REPUBLIC OF TURKEY

第三章

土耳其工程承包市场分析

03

“外包”与“包外”

恐怕只有在土耳其，才能把“外包”与“包外”如此完美地结合在一起。“外包”，即对外承包工程——把别人的活儿拿过来；“包外”即把工程承包在外——把自家的活儿让出去。就某个承包商来说，这种事可能司空见惯，但是，就一个国家而言，这绝对是一种特色。

“外包”与“包外”的共存，为土耳其的投资贸易带来了二元的机遇和挑战。一方面，土耳其本身可以说是名列前茅的工程承包强国，土耳其的工程建设业十分注重国际工程市场的开拓，土耳其承包商的身影几乎出现于全球工程建设项目中。据2017年相关市场调查，被列入《工程新闻记录》（ENR）全球最大225家国际承包商名单中的土耳其工程企业有46家，在数量上仅次于中国。目前土耳其承包商在利比亚、俄罗斯、中东、前独联体国家和相关地区保持着强大的影响力。

与此同时，土耳其国内的工程承包行业也吸引了大量国外建设企业加入，竞争激烈，但其欧洲标准也同样有利于中国企业的国际化进程。土耳其处于东西方文化和经贸交界处，其优越的地理位置使得外国投资者积极开拓土耳其市场具有两方面的重要意义，中国建设企业可以通过进入土耳其市场提升自身的海外业务能力和竞争力，亦可以为日后涉足欧洲建设工业夯实基础。正是在此种背景下，需要外国投资者对土耳其市场和法律环境进行深入理解，从而做出准确的市场选择。

当前，电力和基础设施项目在整个土耳其建设工程市场占有举足轻重的地位，土耳其政府颁布了很多相关法律文件以鼓励基础设施行业积极吸引外资。这些法律在很大程度上与相关国际法律标准接轨。例如，土耳其外资法明确规定对所有投资者均给予同等保护。

除基础建设项目之外，土耳其建设工程市场的发展需求主要集中在油气管道项目、能源传输项目和市场规划等领域，并对其他能源供应的需求也出现增长趋势，如热燃气发电厂、太阳能风电项目等。此外，基础建设的迅速发展，还体现在大规模的地产建设项目，如机场建设、购物广场建设等方面，购物广场和居民住户混合型购物广场也很可能成为未来建设行业发展的新方向。更为重要的是，土耳其政府在过去五年主要致力于发展城市规划和城市居住计划，这无疑为建设工程行业的快速发展注入了强心剂。如果能够准确地抓住这些需要，那么投资也就不会无的放矢了。

在这样的背景下，进入土耳其的工程承包企业，就至少需要两种能力，一是准确把握和适应土耳其市场环境、找到自身竞争力和市场机遇的能力，二是同强大的土耳其企业进行竞争，并借土耳其市场适应欧洲环境，走向欧洲的能力。毋庸置疑的是，土耳其不仅是一个极具潜力的庞大市场，同样也是国内企业“杀伐”锤炼的最好擂台。

一

土耳其工程承包市场概况

【概况】

土耳其是继美国和中国之后第三个对外承包工程大国。2012 年由《工程新闻实录》(ENR)杂志评出的 2011 年全球最大 225 家国际工程承包商排行榜揭晓，土耳其 33 家企业上榜，比 2010 年增加 2 家，营业收入所占份额为 3.5%，位于中国之后，列第二位。

土耳其建筑行业实力不俗，不仅生产大量种类繁多的建筑材料，其建筑和采矿机械规模大、门类齐全，而且其工程和建筑承包服务业也非常活跃。土耳其承包工程市场的特点是:

第一，市场潜力大。

和某些国家一样，土耳其建筑项目主要分为两大类：一类是公共项目，主要由政府出资；一类是私人项目，由私人业主出资。按照土耳其第 9 个五年规划，土政府将能源、交通等基础设施建设作为重点发展工程，这两方面的资金预算约占其整体资金预算的36.5%，可达426亿美元。可以说，土耳其工程承包市场具有较大的市场潜力。

第二，辐射能力强。

土耳其具有独特的地缘优势。横跨欧、亚两大洲，与欧、亚8个国家相邻，陆地边境线长2648公里。土耳其本身又是承包工程大国，其工程承包业务在俄罗斯、中亚、中东等国家和地区具有很强的影响力。因此，立足土耳其，放眼周边国家市场，加强中土工程承包合作具有重要意义。一方面，中国企业可加强与土耳其工程界在土耳其本国的合作，另一方面，双方优势互补，利用土耳其在其周边国家市场的营销渠道，以及与这些国家独特的关系优势等等，联手在土耳其周边国家开展工程承包业务。因此，土耳其市场具有较强的辐射力。

第三，国别环境好。

土耳其有稳定的政治、经济环境，法律体系较为健全，基础设施较为完善。而且，土耳其还是WTO成员和欧盟关税成员。目前，土耳其正在申请加入欧盟，其良好的政治经济环境，有利于我国企业在土耳其稳定开展经济合作业务。

【中国企业工程承包业务规模】

中土两国之间的工程承包合作业务始于20世纪80年代初，近年来，经我国企业奋力开拓和努力经营，我国在土耳其工程承包市场有了长足的发展。2012 年我国公司在土耳其完成承包工程及劳务合作营业额共 10.6 亿美元。

据中国商务部统计，2015 年，我对土工程承包合同额达到 31.65 亿美元，同比增长 78.2%；营业额 13.39 亿美元，同比下降 26%。截至 2015 年底，累计合同额 173.65 亿美元，累计营业额 104.73 亿美元。当年派出各类劳务人员 4634 人，年末在土耳其劳务人员 6740 人。新签大型工程承包项目包括中国天辰工程有限公司承建土耳其天然碱及电站项目，华为技术有限公司承建土耳其电信，上海振华重工（集团）股份有限公司承建 ZP2142 土耳其岸桥等。

中国企业在土耳其投资和工程承包主要集中在电信、金融、交通、能源、采矿、制造等领域。

土耳其承包工程市场潜力巨大，未来若干年内，我国企业在土开展承包工程仍具有较大的发展空间。我国企业应抓住机遇，积极进一步开拓土承包工程市场，努力承揽工程项目，促进我国在土承包工程业务上规模、上档次、上水平和可持续发展。

【中国企业工程承包业务特点】

一是近几年业务发展较快。

多年来，中土双边经济技术合作虽有成绩，但一直发展缓慢。原因是，开始时土方对我国企业不熟悉、不了解，投标时大多是首先考虑选择西方公司。2005 年以前，中国企业在土开展工程承包业务年合同额均不到 1 亿美元。经过多年的开拓和努力，因中国企业顺利完成了一些工程项目，取得了良好的业绩和信誉，也赢得了土耳其政府的好评。土与中开展工程承包合作的愿意大大增强。

二是业务仍有较大的发展空间。

目前，我国企业在土开展承包工程业务虽已取得长足发展，但整体规模尚不够大，与我工程承包大国的整体实力还不够相称。首先，我在土开展工程承包业务的企业还不够多，目前仅有十余家；其次，中国企业承揽的项目所占市场份额不大。

三是目前工程承包项目的业务领域较为集中。

从目前我企业承揽的项目领域分析，主要集中在电站、钢厂建设、电信等领域。最近几年，中国机械设备进出口总公司（CMEC）、中钢集团等企业在土陆续承建了电站、钢厂等工程承包项目，由于施工管理水平高、质量可靠，我国承包企业已逐渐得到土业主的认可。我在土承揽在建的铁路项目虽然只有安卡拉——伊斯坦布尔铁路项目两个标段，却是迄今我在土承揽的最大的项目，合同额 12.7 亿美元。在电信领域，华为和中兴公司经过努力开拓，也分别中标获得了土运营商有关电信项目。

【中国企业工程承包业务动态】

中企承接火电工程承包

2013 年 7 月 30 日，天津电建签订土耳其泽塔斯三期（ZETES Ⅲ）2×66 万千瓦燃煤火力发电工程施工总承包合同。

土耳其泽塔斯三期 2×66 万千瓦燃煤火电机组项目位于土耳其

北部临近黑海宗古尔达克省，距离土耳其首都安卡拉230公里，距离最近的港口EREN港口约1公里。项目业主为土耳其EREN公司，哈尔滨电气国际工程有限公司为EPC总承包方，天津电建为施工总包方。该工程预计工期21个月。

土耳其泽塔斯项目是中国工程承包企业开拓欧洲市场取得的重大成果，是展示中国工程企业实力的窗口工程，该公司将努力打造精品工程，为中国能建金字招牌增辉添彩。

中国天辰工程有限获土耳其订单

2013年1月16日公告，中国化学公司所属全资控股子公司中国天辰工程有限公司与Park Holding公司签署了土耳其KAZAN年产250万吨天然纯碱、配套800兆瓦联合循环电站以及打井项目工程承包合同。合同工期预计为44个月，合同总金额约11亿美元，折合人民币68.42亿元。

中工国际工程股份有限公司签订土耳其逾3亿元商务合同

2014年9月24日，中工国际工程股份有限公司与土耳其海马石化集团在伊斯坦布尔签署了土耳其润滑油厂配套罐装生产线项目商务合同，合同金额为5106.13万美元，约合31387.38万元人民币，为公司2013年营业总收入的3.40%。该项目位于土耳其伊斯坦布尔亚洲侧工业区，内容为建设一座年产53万吨润滑油厂配套罐装生产线，合同工期为24个月。

北方重工集团有限公司ACP水泥厂总包项目

2015年7月4日，沈阳市长潘利国率沈阳市经贸代表团出访土耳其期间，推动了北方重工集团工程成套分公司与 Advent Capital Partners Ltd.（简称 ACP）公司的合作，并促成双方在伊斯坦布尔成功签约。水泥厂总包项目总投资 5.95 亿美元，工厂建成后预计水泥年总产量可达 500 万吨，产品除供应当地基础设施建设外，还将出口到具有地缘优势的中东及北非地区。项目投资外方 ACP 公司是一家注册于英国英格兰北安普顿郡的股份制公司。作为全球化投资公司，ACP 公司在众多领域均有涉猎，尤其在土耳其水泥行业具有较高的知名度。

二

电力领域

【土耳其电力市场发展态势】

目前土耳其电力生产尚不足以满足国内需求，2016 年，土耳其总发电量达 2727 万亿千瓦时。

土耳其正在大力发展煤电和水电等传统电力，加速发展太阳能、风力、地热等无污染电力，开始发展核电电力。据土耳其输电公司估计，2009-2023 年期间，土耳其电力需求将以每年 6% 的速度增长。

土耳其严重依赖外国能源资源，如石油和天然气，土耳其电力生产的一半依赖于进口能源，每年耗资 600 亿美元。

目前土耳其共有 615 个发电公司、160 个电力供应商，私有部门装机量占整个电力系统的比例已经提升到 72%。电网长度达 120 万公里，位列欧洲第二、世界第五。

随着土耳其经济的高速发展，土耳其电力市场正成为土耳其经济发展最快的领域之一。土耳其电力产业可分为四个垂直分工的部门：发电、传输、分配和零售。在土耳其，目前除了传输环节仍完全由国有公司 TEIA 控制外，其他环节均引入了私营企业。

在土耳其电力工业的发展初期，曾有外国企业参与，之后由地方公共团体承担。1950 年以后，私营企业逐渐参与。1970 年 10 月，根据国家第 1312 号法令，设立土耳其电力局（TEK），垄断性地经营发电、输电、配电业务。根据土耳其 3096 号法令，从 1984 年开始，允许私营部门进入电力市场。1994 年，一贯垄断经营发电、输电、配电的 TEK 被分割成发电、输电公司 TEAŞ 和配电公司 TEDAŞ。

2001 年 TEAŞ 解体为 EÜAŞ、TEİAŞ 和 TEDAŞ，这三家公司的主营业务分别是发电、输电和零售。2005，土耳其配电领域的私有化开始，TEDAŞ 被 21 个私营配电公司所取代。

【中国一冶集团钢结构有限公司承接火电钢结构项目】

2013 年 4 月 12 日，中国一冶集团钢结构有限公司成功中标土耳其阿特拉斯（1+1）× 600 兆瓦伊斯肯德伦火电厂工程输煤系统钢结构项目，这是中国一冶集团钢结构有限公司与湖北省电力建设第二工程公司继 2011 年土耳其阿特拉斯（1+1）× 600 兆瓦伊斯肯德伦火电厂 2 号汽机主厂房钢结构工程后的又一合作项目。

土耳其阿特拉斯（1+1）× 600 兆瓦伊斯肯德伦火电厂工程输煤

系统钢结构项目厂址位于土耳其 ATAKYA 省 Iskenderun（伊斯肯德伦）市工业开发区内，濒临海湾。工程建设单位为湖北省电力建设第二工程公司，工程设计单位为中南电力设计院。中国一冶集团钢结构有限公司此次中标项目为容量 2×600 兆瓦超临界燃煤发电机组，这期建设规模为六个转运站，配套五个栈桥，一个推煤机库，一套主厂房围护结构，工程总量约为 3016.5 吨。包含系统为转运站主框架、楼层、维护、连接件钢结构，输煤栈桥支架、桥面、屋面、围护结构、连接件钢结构，推煤机库主框架、围护结构、行车梁、轨道、连接板钢结构，1 号主厂房维护钢结构。

【上海电力投资土耳其燃煤电站】

2014 年 3 月上海电力发布公告，宣布要投资土耳其胡努特鲁 2×660 兆瓦燃煤电站项目。

该项目静态投资 160280 万美元，动态投资 172664 万美元，资本金为动态投资的 20%，其余部分资金由商业贷款解决。该项目由上海电力、中航国际、土耳其股东按股比共同投资建设，其中：上海电力持股 50.01%，中航国际持股 2.99%，土耳其股东持股 47%。

项目规划建设两台 660 兆瓦临界参数燃煤机组，同步建设烟气脱硫和 SCR 脱硝装置，主机及主要辅机拟选用国产设备。

【中国机械工程股份有限公司涉足土耳其电力市场】

中国机械工程股份有限公司于 2015 年 2 月 3 日晚间发布公告，

中国机械工程通过组成合营公司涉足土耳其电力市场。中国机械工程与独立第三方国新国际成立各占 60% 及 40% 合营，斥资 3.84 亿美元（29.95 亿港元），收购 OEDAS 及 OEPSAS 各 75% 权益，收购资金，将由内部资源及商业银行的债务融资支付。

OEDAS 根据 EMRA 授予的牌照在土耳其配送地区（即 Afyon、Bilecik、Eskisehir、Kutahya 及 Usak 等省）从事电力配送业务；OEPSAS 则在土耳其全境向若干合资格客户及在配送地区向若干用户销售电力以及在有组织的电力批发市场购买电力。

【中电光伏投资建设光伏市场】

2013 年，当中国国内光伏产业产能趋于饱和、光伏企业深陷反倾销争端时，来自南京的中电光伏走出国门，选择在土耳其的伊斯坦布尔扎根建厂，由此成为了中国光伏产业“走出去”的领头羊。土耳其连接欧亚的地理位置、自贸区的政策优惠以及充足的日照条件，使得公司的光伏产品能畅销欧美市场，经过两年多与当地伙伴的合作，目前公司 99% 的产品用于出口。

土耳其对能源需求大，但当地能源资源不足，环保意识又强，所剩选项不多，比如太阳能、风能等清洁能源。土耳其政府计划 3–5 年内发展 10 个 GW 的分布式发电量，使光伏发电占发电总量的 5% 左右，目前连 0.1% 都不到。土政府将其视为未来经济增长点，因此非常珍惜这一资源。

土耳其对新能源需求巨大，且人口结构年轻，市场消费力旺盛，更重要的是土耳其四通八达的地理优势。从伊斯坦布尔出发，坐飞机两个小时基本可以抵达50多个国家，这样的地理优势对市场开发意义非同一般。

由于坐落在自贸区，中电光伏享受到了土政府的一些优待政策。土耳其目前拥有20个自贸区和37个经济特区。除了100%免除关税、企业收入所得税、增值税、特别消费税外，自贸区内的企业将利润转移至海外或者土耳其其他地区都没有任何限制。同时，在用工方面，自贸区内的企业无须执行“一带五”的劳工政策，该政策要求企业在当地聘用1名外国人，必须相应聘用5名土籍员工，甚至一定比例的伤残人士。

【土耳其电力市场潜力分析】

土耳其未来发展潜力巨大。随着城市人口的增加，土耳其未来增长趋势很强劲，其能源需求预计到2023年将翻番。这一电力需求可以与英国的电力需求水准相当，英国目前是欧盟第三大电力消费国，仅次于德国和法国。土耳其可能成为欧洲最有吸引力的电力市场之一。为了满足迅速增长的电力需求，土耳其政府正对电力市场自由化采取积极措施。未来十年，土耳其将再投资550亿美元大力发展电力，主要用于两座核电站建设和鼓励使用本地煤进行火力发电。预计2023年，土耳其电力装机总容量可达10万兆瓦。

2012年7月初，总部位于德国的欧洲能源交易所和土耳其电源传输公司TEIAS签署了谅解备忘录，致力于在土耳其建立能源交易所。欧洲能源交易所已和土耳其的合作伙伴谈论了一段时间，土耳其能源市场发展潜力巨大。土耳其需要扩建发电厂和输电网络，这需要外国投资者的参与。未来在土耳其设立一个能源交易所完全有可能。

在土耳其建立一个针对液体燃料的能源交易所对电力市场的自由化程度和未来土耳其经济增长都至关重要。土耳其的电力市场自由化已经大为吸引外国投资者。土耳其电力市场已经采取各种措施来进行重组以实现自由化。许多公共事业公司都瞄准土耳其。德国莱茵集团 2012 年在土耳其代尼兹利完成了一个 5 亿欧元的天然气发电项目，装机容量为 775 兆瓦。

土耳其自身天然能源资源并不丰富，但地处欧盟、中亚和中东之间，地理位置很重要，从中亚通往中东的油气天然气管道几乎都要途径土耳其，在未来数年里有望成为区域的中心市场。土耳其非常接近新气源（如伊拉克、阿塞拜疆），因为土耳其发展速度和人口增长规模惊人，这都将拉动消费，土耳其有望成为欧洲很有吸引力的电力市场之一。

三

交通领域

【中企在土耳其高铁推进状况】

2012 年，土耳其政府表示希望中国公司参与土新规划的高铁骨干线路建设，包括东西（东起卡尔什省、西至埃迪尔内省）和南北（北起特拉布宗省、南至阿达纳省）两条大动脉，并希望中方提供融资，预计全部造价 350 亿美元。

土耳其第一条高铁安伊高铁一期首都安卡拉至埃斯基谢希尔省于 2009 年 3 月 13 日通车，全长 276 公里，时速 250 公里 / 小时，运行时间 80 分钟。第二条高铁首都安卡拉至科尼亚于 2011 年 8 月 23 日通车，全长 278 公里，时速 250 公里 / 小时，运行时间 90 分钟。

2014 年 7 月 25 日，由中国企业参与建设的连接土耳其首都安卡拉和伊斯坦布尔的高速铁路二期工程实现全线贯通。这是中国企业在海外组织承揽实施的第一个电气化高速铁路项目，对推动中国高铁“走出去”具有重要意义。中方提供了7.5亿美元的混合贷款，其中包括5亿美元的优惠贷款。

到2023年土耳其共和国成立100周时，土耳其政府计划建造1万公里高铁、4000公里常铁，铁路总长25940公里，总投资450亿美元。

【唐车公司中标有轨电车订单】

2012年中国唐车公司与土耳其萨姆松市政管委会签署了100%低地板轻轨车辆（现代有轨电车）的销售合同，合同总额人民币6157万元。这是中国100%低地板现代有轨电车首次获得海外订单。

唐车公司2015年3月收到伊兹密尔市的85辆轻轨车辆正式中标通知书及签约邀请。

2015年1月，伊兹密尔市轻轨招标开标。土耳其轨道交通市场容量大，包括高铁列车、普通铁路机车车辆、地铁、轻轨、有轨电车等各类轨道交通装备需求强劲，多个项目处于待招标中。多个城市都正在或计划招标采购更多的车辆来满足市民出行的需求，部分城市正在或计划兴建新的线路来完善轨道交通，中国有望进一步推动土耳其的市场拓展。

【中企参与轨道交通设备制造】

中国南车株洲电力机车有限公司2012年3月13日宣布，中国为土耳其制造的轻轨列车在爱琴海边的旅游城市伊兹密尔已经正式投入载客运营。中国按照欧洲标准为土耳其制造的轻轨列车从 8 日开始陆续投入伊兹密尔市一号线运营，列车从伊兹密尔市一号线的 BONOVA 站出发，满载数百名乘客驶往 UYGVL 站。这条线路总长为 11.6 公里，最大坡道相当于列车要在 100 米内爬上一层半的楼高，最小转弯半径 30 米。“南车株机”研制的 32 辆轻轨列车全部配齐上线后将承载这条线路约 45% 的客流量，可极大缓解伊兹密尔市的轨道交通压力。

2012 年 8 月，土耳其交通部与中国南车股份公司签署协议，同意南车在土耳其生产安卡拉地铁用机车，总金额约 25 亿元人民币。协议的签署意味着中国南车在土耳其生产地铁机车的开始，同时，也标志着土中这两个世界上发展速度最快国家的战略合作伙伴关系进入了一个新的发展阶段。

2013 年 4 月 12 日，中国南车集团土耳其合资公司在土首都安卡拉市举行奠基仪式。中国南车集团土耳其合资公司是中国南车与土 MNG 集团共同出资 1.1 亿美元成立的地铁车辆生产项目。项目建成后将年产 200 节地铁车厢，并为当地提供近 6000 个就业岗位。

中国出口土耳其的新型不锈钢地铁列车 2014 年 2 月 12 日在土耳其首都安卡拉地铁三号线正式投入运营，标志中国高端轨道交通装备首次成功落户土耳其地铁市场。

安卡拉地铁三号线所用车辆是中国南车制造并出口土耳其的。2012 年中国南车株洲电力机车有限公司首获安卡拉地铁 324 辆车的采购合同，开创了中国向土耳其输出地铁车辆的先河。在出口地铁整车的同时，中国南车还成功地将地铁车辆制造技术出口至土耳其。2013 年，中国南车联合土耳其当地公司成立由中国南车株洲电力机车有限公司控股的合资制造企业。

【土耳其大力投资铁路建设】

截至 2015 年底，土耳其全境铁路总厂为 12532 公里，90% 的铁路线属于单行线，75% 的铁路线属于非电力和无信号线。其中，30% 的铁路线服务期超过 27 年，而且处于闲置状态，维护和更新严重不足。土耳其目前旅客运输的 2%、货物运输的 4% 是通过铁路进行的。近年来，土耳其政府大力抓铁路建设，计划通过铁路将沿海港口与一些重要省份实现连接。2008 年，土耳其开工建设安卡拉至伊斯坦布尔西半段 168 公里的铁路。同年，土耳其政府还同格鲁吉亚和阿塞拜疆签署了卡尔斯—第比利斯铁路建设协议。该铁路线的 76 公里位于土境内，29 公里位于格鲁吉亚境内，项目竣工后，从土耳其出发的列车可以穿越格鲁吉亚和阿塞拜疆，到达中亚和中国。此外，位于博斯普鲁斯海峡口的马尔马拉海底铁路隧道于 2014 年 10 月 29 日通车，该隧道把欧、亚两洲的铁路连接起来。

2013 年 10 月土耳其交通部长耶勒德勒姆（Binali Yildirim）表示，土耳其政府将加快铁路建设，到 2023 年建国百年时将现有常规铁路的 70% 升级改造为复线。届时，铁路建设投资将达 450 亿里拉（约合 227 亿美元），全国铁路总长 25500 公里；其中，高铁 1 万公里，连接 15 个城市。

【土耳其交通领域发展机遇】

2009年，土耳其政府制定《2023年发展规划》：到2023年，即共和国建立100周年时，实现经济总量跻身世界前10大经济体等目标。在此规划影响下，部分行业主管部门陆续颁布细化发展规划。其中交通领域如下：

公路：土耳其政府计划在2023年前建成3.65万公里双线车道、7500公里高速公路和7万公里沥青公路。

桥梁：2019年在博斯普鲁斯海峡建成海底隧道和第三座大桥，在达达尼尔海峡架设一座大桥。

铁路：土耳其政府规划在2023年前建成总长为2.5万公里的铁路网络，将铁路承运旅客、货物比例分别提高到10%和15%。包括新建铁路1.3万公里（包括3500公里高速铁路、8500公里快速铁路和1000公里传统铁路），以及对现有铁路中的4400公里进行改造升级。每年改造500公里铁路，将铁路进一步私有化，将火车站改造并入高速列车车站，推动土耳其与高加索、中东和北非的铁路项目，并将铁路连接到全国主要港口。

管道：将全国输送管道长度增加至60717公里。

港口：在爱琴海、地中海、马尔马拉海和黑海建设转运港，到2019年建成至少一个世界十大港口，提供3200万TEU集装箱[①]的运输处理能力，5亿吨固体和3.5亿吨液体的处理能力。

---

① Twenty foot Equivalent Unit20英尺标准集装箱

码头：在全国范围建设 100 个码头，容量达到 5 万艘游艇。

土耳其基础设施市场具有较大的发展潜力，土人口增长稳定，政府私有化运动持续推进，加上土在亚欧之间过境枢纽的地理位置，都对投资者形成了吸引力。铁路、公路、桥梁，城市轨道交通等基础设施市场容量和前景都十分看好。

交通基础设施是土耳其吸引私人投资的重点领域，2014 年土耳其交通基础设施产值为 73.2 亿美元，受益于土政府 2014 年推出的融资担保政策，一批交通领域大型项目顺利推进，中长期内至 2024 年，预计土耳其交通基础设施行业产值将保持 5.5% 的年均增速。

四

电信领域

【土耳其电信市场发展概况】

土耳其电话设施较发达，几乎村村通电话。目前固定电话服务业务主要由国家电信公司经营，移动通信服务商主要有3家，分别是Turkcell、Avea和Voldafone移动通信公司。2016年，土耳其有固定电话1150万户，移动电话用户7370万户，移动宽带用户3910万户，宽带用户4860万户。

土耳其互联网络较成熟，宽带上网较普遍。2014年，互联网用户达到4127万。

【中企拓展土耳其电信市场】

土耳其拥有超过7200万人口，是全球第13大、欧洲第5大的电信市场，也是全球移动用户发展最快的市场之一。土耳其电信是土耳其第一大固网运营商。巨大的市场潜力吸引中国电信企业纷纷发力。

华为、中兴进入土耳其发展已超过十年时间，业务增长十分迅速。华为已经成为当地员工规模、销售收入最大的 IT 企业，未来 5 年计划将增至 13 亿 –15 亿美元。中兴通讯已与土耳其电信等运营商展开了深度合作，在土耳其的销售收入已快速增长到 13 个亿。

华为公司从 2002 年开始到土耳其开拓发展。土耳其电信、Turkcell、沃达丰土耳其、Avea、Alb Telecom 及 Eagle Mobile 都选择华为土耳其公司作为设备、服务和网络解决方案的主要供应商。

中兴通讯是最早响应国家“走出去”战略的企业之一，中兴通讯 2002 年进入土耳其市场，成立了土耳其分公司。目前根据服务土耳其市场的需要，设有伊斯坦布尔子公司、安卡拉分公司以及土耳其售后服务中心。公司已经成为土耳其最大的固网电信运营商土耳其电信（TURK TELEKOM）主流供货商，覆盖的产品包括 DSL 宽带接入、NGN（下一代网络）骨干网和接入网，为 TURK TELEKOM 降低运营成本、更好地满足土耳其民众日益增长的通讯需求提供满意的产品和服务。

2009 年 4 月，中兴通讯与 Avea 签署了 WCDMA 商用合同，将参与承建 Avea 全国 WCDMA 商用网络。同时在移动终端方面与三大移动通信运营商成为战略合作伙伴，相继成为 TURK TELEKOM、Voldafone 和 Avea 在 GSM 手机和 WCDMA 数据卡方面的主流供应商。此外，公司与土耳其跨国运营商 FINTUR 建立了全球战略合作伙伴关系，提供的通信设备和服务包括 GSM 和 WCDMA，并且根据客户的市场发展需要，为客户进行设备的不断升级和改造服务。

2011 年中兴公司在土耳其建立海外采购中心，覆盖整个欧洲、北美、北非及独联体的供应链战略，为覆盖地区的客户提供全套通讯解决方案。2012 年 6 月 19 日中兴手机正式进入土耳其市场。

由于土耳其工业水平较高，资源丰富，在产品价格、交付速度上具有优势，因此土耳其交付中心作为中兴通讯在海外的七大交付中心之一，将对中兴通讯未来在欧洲、北美高端市场的爆发起到重要的支撑作用。

华为、中兴等中国电信通讯企业在土耳其市场经过多年的耕耘，已经成为当地运营商的主流设备和服务供应商，为中土贸易合作发展贡献力量。

【中国电信战略联盟土耳其电信】

2014 年中国电信欧洲分公司（CTE）与土耳其电信国际公司（TTI）就达成双方长期服务合作的共识，签署了一份谅解备忘录。此次合作的共同目标旨在，向在中欧、东欧、土耳其及周边国家发展业务的中资企业客户，提供可靠、高品质的国际电信及 IT 服务。

通过此次合作，双方将汲取彼此的综合优势——土耳其电信在本国及周边国家地区的丰富网络资源；中国电信横跨欧亚大陆的低时延高品质通讯解决方案，及多年来专注服务中国企业的宝贵经验。此次双方的战略合作，将致力于向中资企业客户提供高质量的数据与语音服务，为客户在欧洲和土耳其的商业拓展助一臂之力。

此次土耳其电信与中国电信所签署的长期合作谅解备忘录，将对本地中资企业简化内部流程及强化生产力起到强有力的推动作用，对于中国与土耳其两国之间的双边经贸关系也将产生积极的影响。

鉴于中国电信在伊斯坦布尔市已建立 POP 节点[①]的资源优势，以及土耳其与其周边国家的地缘战略重要性，与土耳其电信的合作将进一步提升中国电信欧亚网络解决方案的主要竞争优势，与此同时，由此产生的原动力也将促使中国电信更好地服务并满足中资企业在国际通讯方面的需求。

【华为推动土耳其电信技术发展】

2013 年 11 月 13 日全球领先的电信运营商土耳其电信和全球领先的信息与通信解决方案供应商华为联合宣布，双方已携手完成单通道 2T 波分系统的现网测试，是当前业界最高容量的现网波分测试。该系统突破性地实现单根光纤 C 波段 40Tb/s 的容量，可同时支持高达 10000000 路高清视频的传送。

该次现网测试基于土耳其电信现有的 G.652 光纤网络，采用领先的 32QAM 调制技术，从土耳其首都安卡拉传到昌克勒，传输距离

① 对于互联网服务提供商（ISP）来说，POP 是一个将互联网从一个地方接到其他地方的入网点。入网点必须有一个唯一的互联网协议（IP）地址。互联网服务提供商（ISP）或在线服务提供商在互联网上有一个或者若干个入网点。互联网服务提供商（ISP）或在线服务提供商所拥有的入网点数量，被用来作为衡量其规模和增长速度的标准。

达 307 公里，净频谱效率达 8bit/s/Hz，等效 C 波段 40T 容量，为当前主流 100G 商用系统容量的 4 倍以上，是当前业界最高容量和频谱效率的现网测试。同时，现场还测试了 20T 容量的长距离方案，从安卡拉到伊斯坦布尔，链路利用光纤桥接环回，无电中继传送总长达 1750 公里。

除了海量的系统容量，此系统通过软件实现多种光信号码型的动态调整和任意组合，以实现业务容量和传送距离的灵活配置，向未来灵活可编程的动态网络又迈出重要一步。同时，兼容现有的波分系统规格，可有效保护客户的现网投资。

土耳其电信于 2010 年开始采用华为领先的下一代波分系统建设国家波分骨干网，链路长度超过 34000 公里，并于 2012 年开始部署华为相干 100G 解决方案，是欧洲最大、最领先的波分网络之一。该次测试选取的安卡拉到伊斯坦布尔链路，是横跨欧亚大陆波分干线中业务量最大的链路。

此次华为和土耳其电信大容量 40T 波分的测试，再次推动了超 100G 技术的发展。测试结果表明，基于运营商现有铺设的光纤网络，尚有巨大的容量升级空间，可以有效应对未来数字洪水的挑战。

【华为中标土耳其铁路通信项目】

2015 年 6 月，华为宣布其 GSM-R 方案再次成功中标土耳其国家铁路局（TCDD）合同项目——Kayseri Sivas Cetinkaya（KSC）现代铁路通信网建项目，助力土耳其国家铁路的科技进步与运营效率。

该项目是华为继 Eskisehir–Kütahya–Balıkesir、Kayas Kayseri 及 Alsancak–Cumaovası–Torbalı–Tepeköy 三大 GSM–R 网络建设项目之后在土耳其市场上取得的又一重大进展，并加强了华为与其他厂商之间的无缝整合能力。值得一提的是，华为已在土耳其及全球各地成功完成多个欧洲铁路运输管理系统（ERTMS）综合项目。

TCDD 的 KSC 铁路线位于安纳托利亚高原，连接 Kayseri 和 Sivas 两地，全长 372 公里，沿线共有 26 座车站和 13 条总长 10 公里的隧道。该铁路通信网络将由华为设计，严格遵循欧洲列车控制系统 ETCS L2 信号标准，运行时速达 160 公里 / 小时，并将与现有网络设备商诺基亚公司的 GSM–R 核心网做无缝对接。

KSC 铁路线地处安纳托利亚高原，地理环境非常复杂。华为在设计无线方案时，充分运用了室内宏站的灵活部署来扩大覆盖范围，同时，华为还发挥了分布式基站的独创性，保证隧道、枢纽地区、交叉线和并线区段的信号覆盖质量。除 GSM–R 基站子系统和集成服务外，华为还提供容量高达 STM–16 的 SDH 光传输设备。

华为设计的 GSM–R 解决方案将帮助 TCDD 在降低运营成本的基础上提高铁路运营的效率和可靠性，提高铁路通信质量。华为 GSM–R 解决方案不仅遵循严格的 ETCS L2 信号标准，同时还满足全球铁路机构共同遵守的 EIRENE 要求。此外，华为积极开展 IOT 对铁路产品进行广泛测试，从而推动与相关铁路制造商之间的合作。

五

中国企业参与土耳其工程承包的风险及对策

【内部风险】

1. 国家和政府对劳务合作缺少立法，劳务项目通常采用的由企业包到底的做法，造成具体实施企业与当事人及家属责任不清、纠纷不断，制约了企业开展对外劳务合作的积极性。

2. 手续繁杂、办事效率低。一个劳务合作项目从申请到立项、政审、申办护照、培训、签证，周期很长，降低了中国劳务在国际市场上的竞争力。

3. 缺少统一协调。造成国内对外工程承包、设计咨询和劳务合作的公司在国际承包市场上的无序竞争，自相压价，影响我国企业在国际市场上的竞争力。

4. 我国对外承包劳务合作普遍存在着经营规模不大、主体实力不强，项目档次不高等问题。施工企业内部管理水平偏低、信息渠道不畅、员工素质不高、国际“游戏规则”不熟等亦是制约施工企业走出去的重要因素。

5. 我国施工企业自身劳务成本相对较高，缺少竞争力。在一些国家和地区，使用一个我国施工劳务人员的费用，在当地可雇到多个劳务人员，便宜时甚至可雇到 7 — 8 个劳务人员。

6. 财力不足也是制约施工企业走出去和在国际市场上承包大工程的一个不利因素。

【外部风险】

1. 市场准入和限制。就业问题是世界各国都极为关注的社会基本问题，中国公司进入当地国市场开展劳务合作和工程承包，广泛存在各种不同程度的壁垒，如：不同国际金融组织出资的项目只允许其成员国的承包商参与，许多当地国政府出资的项目不允许外国公司参加或只能作分包商等；对劳务人员的数量、类型、期限、资格等设置限制条件，特别在发达和中等发达地区限制更严，只允许高级管理技术人员和当地无法提供的特殊技术工人进入。

2. 带资承包和投资开发。除国际金融组织出资的传统竞标项目外，在各地区市场上当地政府普遍鼓励外国公司带资承包，或以优惠的贷款条件提供项目融资作为承揽项目的条件，或以直接投资方式开发项目，许多看好的项目当地政府都以 BOT、BT、BOOT 的方式推出招标。受财力和融资条件的限制，中国公司往往只好放弃。

3. 对劳务人员资格的限制。大多数国家的劳务和工作许可制度，对劳务人员的语言、学位、技术资格、特定经验等都提出了较高的要求；而判断劳务人员的资格是否符合标准则大多缺乏透明度，往往是当地国家主管的随意判断。

4. 项目大型化的趋势。一方面传统的业主投资承包商投标的项目竞争加剧；另一方面随着中国公司的实力增强，涉足的项目其大型化、高技术、跨行业的趋势越来越明显，在融资、项目组织、高新技术应用、强强联合方面提出了更高的要求。企业如不能抓住机会使自己的经营管理上台阶，最终将被淘汰出局。

5. 中国企业间无序竞争。其最终结果通常是既损人也不利己。

【政治风险】

土耳其是世俗化、民主化的伊斯兰国家，发展水平较高，政治风险较小，堪称中东地区最和平、安全的国家之一。但土耳其是多个“东突”组织总部的所在地，“东突”分子每年都在中国驻土耳其使领馆门前举行多次示威活动。近年，土耳其极端组织和“东突”势力常无中生有，造谣诬蔑，并借机闹事。2015 年 7 月 5 日，伊斯坦布尔的“happy China”、京雅堂等中餐馆遭到土极右翼组织打砸，有部分游客受到攻击。因此，准备赴土耳其投资的中资企业要做好安全防范工作。

土耳其东邻中东地区。库尔德问题是中东地区的敏感问题，土耳其境内土族与库族之间长期缺乏互信。尽管前些年土耳其政府与库尔德人达成了“和平进程”，但推进仍有一定困难。土耳其与伊拉克、叙利亚接壤的库尔德人聚居区时有暴力恐怖活动。受叙利亚内战外溢效应影响，自土叙边境涌入土境内的叙难民数已达 60 万，这一数量还在不断增长，从一定程度增加土耳其政府的经济负担，而且会滋生安全隐患。

【经济风险】

1. 通胀率不断攀升。2016 年，土耳其按 CPI 计通胀年增率为 7.78%，仍处于较高水平。通胀率的不断攀升，制约了央行通过货币政策刺激经济的能力，对经济增长造成负面影响。

2. 经常账户赤字仍然较大。土耳其拥有规模庞大的经常账户赤字，目前相当于经济总量的 7% 左右。土耳其长期依赖低成本外国资本，用以填补这一缺口，因而对全球流动性状况异常敏感。而流入的外国资本中大部分是进入金融市场的投机性短期投资，这更增加了金融市场的波动性和经济的脆弱性。目前经常账户赤字出现明显收窄的迹象，表明土经济正经历结构性调整。

3. 信用评级展望有所下调，将对土耳其吸引外资造成负面影响。

【金融风险】

土耳其法律和财会体系透明度较高，并且与国际标准一致，不存在外汇管制问题。土政府鼓励金融资源的自由流动。外国投资者可从土市场获得信贷。土耳其商业贷款的发放依据市场条件，但因借款成本偏高，大项目融资困难，中国企业与土耳其业主合作项目的资金来源多数为中方融资。中国在海外兴建的第一条高铁（安伊高铁项目）即是由中国进出口银行提供的融资。另外，个别土方业主因声誉不佳，无法为中方企业融资提供银行担保。

【汇率风险】

2017年，土耳其里拉汇率继续下跌。2016年7月份土耳其军事政变失败之后土耳其里拉贬值6%，之后由于标普和穆迪2大评级公司同时下调了土耳其的主权评级至垃圾区域，里拉兑美元汇率继续下跌。

过去10年间土耳其的债务大幅增加。IMF和其他观察机构经过称，土耳其依靠国际债是难以维系的。至2016年12月份结束，土耳其货币已经下跌了18%。

【自然风险】

特指承包工程市场所处的地理环境和可能碰上的自然灾害、人力不可抗拒的人为或非人为事件。

土耳其位于欧亚板块与非洲板块之间的北安那托利亚断裂层，属地震多发地区。

1999年、2002年、2003年、2006年和2010年连续发生6.0级以上地震。其中1999年中西部地区地震达7.4级，1.8万人丧生。

发生自然灾害时，可就近向伊斯坦布尔、伊兹密尔、安卡拉、安塔利亚、梅尔辛集中，并关注中国驻土耳其大使馆网站有关信息，中国驻土耳其大使馆将组织必要援助、撤离活动。

【承揽工程项目程序】

获取信息

根据对在土耳其进行工程承包企业的调查，在土承揽工程项目的主要方法有：通过已建立的客户群了解新工程项目信息；经常访问目标客户；参加在土耳其或中东举办的各种专业展会；与当地相关协会建立联系，了解新工程项目信息。

招标投标

当地企业工程项目招标主要有两种方式：

1. 公开招标。所有有资格的供货商均可参与，购买招标书参加投标；

2. 议标。用户根据自己的经验在业内确定部分有资格的投标商，只有此部分投标商才有资格参与投标。

对于以上两种方式，投标商首先必须完成资格预审，通过后需从用户处购买招标书，并了解用户要求。在招标截止期前必须根据用户的招标书要求完成投标文件，报出技术条件和商务价格，同时提交投标保函，担保金额为投标报价的2%–3%。

外方投标要求主要为：

1. 标的一定要满足外方规定的技术条件和质量要求；

2. 标的要满足相应的国际标准，土耳其一般要求中国供货商满足欧洲标准，如 DIN 标准；

3. 标的要满足所在国的安全环保和劳动保护标准；

4. 标的要满足用户自己的厂标或公司标准；

5. 供货商必须通过相应国际上要求的 ISO 认证，如 ISO9000/14000/18000 标准等等；

6. 参与投标的中国企业必须深入了解国际标准，掌握国际规则，在投标报价、合同准备、设计、制造、设备包装、表面涂漆、土建安装施工、设备生产运行、未来产品规格质量等各方面均要了解、使用和满足国际标准，包括用户的厂标或公司标准。交付土耳其的设备大多要求提供 CE 证书。

许可手续

原则上，在土耳其投标的企业必须在业内有与本标的相关的业绩，并通过用户的资格预审，对于一些特殊行业或特殊工种，施工时公司或技术工人均要求有相应的资格证书。

【工程承包注意问题】

近年来，中国在土耳其承包工程数量增长较快，表现出较大的发展潜力。目前工程承包项目主要集中在水煤电站建设、钢厂设备供应、铁路建设、采矿等领域。中国企业在当地承包工程应注意的问题有以下几个方面：

1. 充分了解土耳其法律政策及当地市场情况。土耳其市场情况复杂多变，中国企业在承包工程时，需全面考察和了解工程项目所涉及的各因素和环节，特别是土耳其对外国人办理居住和工作证要求、土耳其《标准法》《劳工法》《税法》等相关法律，并充分考虑货币的汇率风险，提前将各种不确定因素计入成本。此外，中国企业在跟踪土耳其项目时，应及时与中国驻土耳其使领馆经商参处保持沟通，听取其意见，避免因盲目参与而导致日后的被动。

2. 充分考虑中国工人的工作签证问题。如有可能，尽量在合同中明确规定由土耳其业主负责办理。另外，土耳其为保护其当地工程师，对国外工程师控制很严。在实践中，中方工程师常常无法以工程师名义赴土耳其工作，而多以管理人员或技工身份赴土耳其工作。企业在办理相关手续时需注意上述问题，严格按照土耳法律法规，工作签证期满前申请延期或者出境，不要让飞签或者签证超期后交切款成为常态的解决方法。

3. 密切注意项目建设过程中的工程进度衔接问题。根据中国企业在土耳其承包工程的经验，目前出现延期的工程项目，绝大多数是因土耳其承担部分进度太慢造成。如部分电厂项目因土耳其方土建部分施工进度慢，导致中方设备到位却无法安装使用。还有部分项目中方所有人员设备均已到位，但土方负责的工地还未进行清理，无法及时交付。上述问题均影响了项目的顺利进行。因此，在签订合同时，最好明确双方的相关责任条款，并及时以书面形式记录相关问题，避免因对方的问题导致中方承担相关责任，在合作中也应注意协调双方的进度衔接。

六

土耳其对外国公司承包工程的规定

【许可制度】

政策法规

土耳其规范外国承包商承包工程的法规主要是《政府采购法》等。《政府采购法》规定，本地设立的企业竞标者比外国合资公司可享受到15%的价格优先权。该规定构成对外国投标者的歧视，同时，参与政府采购的竞标资格需要认证，且费用昂贵、过程复杂，导致许多企业因为难以及时获得认证而无法参与竞标，因而降低了公开竞标的公平性。

申请要求

外国承包商承包工程时需提供以下文件和资料：

1. 投标人需提交能够显示其财务状况的银行报表；

2. 投标人的资产负债表；

3. 能够证明投标人在该项目领域的工作量，以及在相关领域已完成的营业额度；

4. 投标人需提交其生产能力、研发能力和质量控制体系等文件；

5. 投标人需提交其已在相关商会注册的文件；

6. 投标人需至少提交标价的 3% 作为保证金；

7. 投标人的标价明显低于其他投标人的，在确定其中标前，需在规定的期限内，以书面的方式解释其标价过低的原因；

8. 中标方须在签订合同前，提交相当于合同价格 6% 的保证金，若中标者无法完全履行其义务，保证金将收归国家财政所有，并且不需任何法律程序。

若中标者无法完全履行其义务，由发标方确定排名第二的投标者中标，以此顺延。若中标者系合资公司，合同需由所有的合伙人签署。

禁止领域

土耳其相关法律并无对外国承包商在土承包工程的领域限制，即无强制性规定，仅在个别项目中对发包方设定一些条件。

【招标方式】

招标方式主要有公开招标、有限招标、协商招标和议标。公开招标，即所有投标人都可以参加投标；有限招标，即发标方预设投标方的最低资格条件，只有受发标方邀请的投标人才可以递交标书，投标人可以不超过 5 人，但不能少于 3 人协商招标，即在法律规定的条件下，可以采用协商招标，发标方与投标人协商技术细节、执行程序、在一定条件下的合同价格，投标人不能少于 3 人议标，即在法律有特别规定的情况下，发标方邀请投标人协商技术条件、价格等，投标方可以仅为 1 人。与之相应，投标方式也可分为以上方式。

发标方应成立招标委员会，委员会成员最少为 5 人，并需为奇数，其中至少包括 2 名该项目方面的专家、1 名财务人员。

公开招标的项目，应在提交标书的不少于 40 日前公布发标通告；有限招标的项目，应当在投标人申请预先资格审查截止日期前 14 日公告预先资格审查；协商招标的项目，应在提交标书的不少于 25 日前公布邀请特定候选人参与投标的公告。

【资格限制规定】

土耳其对在土承包工程的外国承包商资格的限制规定主要有：

1. 投标人需具有拟投标项目领域 15 年的工作经验；项目的执行经理需提交能够证明其具有执行该类项目至少连续五年的工作经验的文件；

2. 提交投标人的组织结构状况，证明其有足够的或即将雇佣足够的专业人员；

3. 能够证明投标人有足够的设备、设施完成拟投标项目；

4. 拟投标的企业法人，其所有者需持有该法人 50% 以上的股份，并要求在保证期内维持该比例要求；

5. 有破产者、资产被冻结者、商业行为被暂停等情形之一的拟投标人，禁止投标；

6. 在土耳其或其他国家成立的企业，未完全缴付其社保资金的，禁止投标；

7. 在土耳其或其他国家成立的企业，未完全履行其纳税义务的，禁止投标；

8. 投标期前 5 年内，被法院认定犯有该领域的职业犯罪的，禁止投标；

9. 投标期前 5 年内，有证据证明其有违背该领域工作准则或职业道德的误导行为的，禁止投标；

10. 在投标期前，被相关商会组织宣布禁止从事该领域职业行为的，禁止投标；

11. 被相关机构认定参与过假破产案件的个人和企业禁止直接或间接参与投标；

12. 自然人或其配偶、三代以内近亲、二代以内的姻亲、养子女在发标方任职的，不得直接或间接参与投标；

13. 公司的合伙人或股东不得直接或间接参与投标，但是非股份公司的董事会成员或持股不超过10%的，可以直接或间接参与投标。

【工程建设规定】

工程建设者应当提供安全的建筑物，禁止低质量、无规划、无控制的建筑，工程建设应当遵循国家标准，接受监督检验，并要对因工程质量问题导致的人身或财产损害进行赔偿。工程建设的执行方应该遵守科学规章，在建设过程中要由土木工程师和建筑师进行监理，不同的建筑面积级别需不同标准的监理，最高级别为建筑面积超过 36 万平方米不超过 60 万平方米的，应由至少 5 名土木工程师或建筑师进行土木监理、至少 3 名结构工程师进行设计监理、至少 3 名机械工程师和至少 2 名电机工程师进行安装设计监理、至少 20 名土木（建筑）工程师和 10 名机械工程师及 5 名电机工程师作为监理工程师，其他级别的，以此类推。监理人对所有的工程材料、工程框架进行监督。工程执行方采用的所有建筑材料应具有 TSE 证书，同时，在使用某些建筑材料前，还需要指定的实验室对该建筑材料进行检测；雇佣的工人应进行过岗位培训并持有岗位，监理方对以上各项均需进行监督。工程执行方应主动要求对工程进行整体检验，并根据检验报告主动消除工程隐患。

本章要点

土耳其是全球第二大对外承包工程大国，对外工程承包实力不俗。2017 年由《工程新闻实录》（ENR）杂志评出的 2016 年全球最大 225 家国际工程承包商排行榜揭晓，土耳其 46 家企业上榜，位于中国之后，列第二位。

与此同时，土耳其国内工程承包市场也极具吸引力，其特点包括市场潜力大、辐射能力强、国别环境好等等。

在土耳其，中国企业工程承包业务发展较快，并逐步得到了土耳其各方的认可，但与此同时，整体规模和业务能力还有较大发展空间，所占市场份额相对较小，业务领域偏窄。

在电力领域，土耳其未来将大力发展火电、水电等传统电力，无污染电力加速发展。目前，中国企业已经涉足火电发电、电力配送、光伏发电等门类，发展前景较大。

在交通领域，2014 年 7 月 25 日，由中国企业参与建设的连接土耳其首都安卡拉和伊斯坦布尔的高速铁路二期工程实现全线贯通。这是中国企业在海外组织承揽实施的第一个电气化高速铁路项目，对推动中国高铁“走出去”具有重要意义。中国企业还参与了多种有轨电车、电力机车的制造，展现出了较强的影响力。

在电信领域，以华为为代表的中国企业业务增长十分迅速，除设备、服务和网络解决方案供应外，还涉足移动运营、国际电信及 IT 业务等等。

参与土耳其工程承包，中国企业要重点关注内部风险、外部风险、政治风险、经济风险、金融风险、汇率风险等，并对承揽工程的程序、土耳其对外国公司承包工程的相关规定等问题提高关注。

TR THE REPUBLIC OF TURKEY

第四章 土耳其投资领域分析

04

从合作到双赢

中土贸易目前存在较大的逆差。2014中土两国双边贸易额约280亿美金，但是土耳其出口到中国的贸易只有50亿美元左右，除了双方经济体量和制造能力的不对等，中国重存款、轻消费的观念也是一个重要原因。

仍以中国和土耳其来看，土耳其地跨欧亚，扼守古丝绸之路西端，基础设施完善，联通欧亚非三大市场。以伊斯坦布尔为圆点，3小时飞行圈内覆盖9亿多人口。因为青年人口比例高，土耳其的消费能力强。与中国目前广泛关注的“老龄化、少子化”截然相反，土耳其7800万总人口平均年龄只有30来岁，平均一个家里有3至4个小孩，在未来这是很大的优势。综合来看，土耳其产能消化和转移能力非常突出。随着土耳其整个国家实力以及在国际经济板块话语权的进一步提升，我们有必要正视并且重视土耳其，如何进一步提升中土双边贸易的规模，改变现有的不平衡状态？现阶段可以从以下几个方面着眼：

首先，中国企业可借投资土耳其市场，再进入欧洲和美国市场。土耳其对社会保障和环保要求很严，趋向于欧洲标准，这对中国企业的长远发展有利。以光伏企业为例，目前已有中国企业在土耳其投资，它们进入土耳其市场后，如果能以投资形式在土耳其建立企业再进入欧洲，就能够提供一条规避欧洲、美国对中国光伏产品的反倾销政策壁垒的通道。

其次，充分发掘土耳其在服务贸易方面的优势。中国新一轮对外开放，很重要的一点是集中服务贸易及自贸区建设。土耳其航空业、维修业、生态型服务业水平很高，中国航空公司可以在土耳其设立航空维修服务中心，其航空维修服务半径非常大，覆盖欧亚多条航线，可以有效为国内企业节约成本。

第三，进一步扩大投资规模。当前，土耳其对华合作需求比较强烈，但目前双边合作主要还是集中在“大、高、难”的领域，例如在铁路等基础设施项目，以央企为主，比如中国机械工程公司、中国水电等。事实上，土耳其的投资环境相当优越，民间资本的进入，会带来更为丰厚的收益。

总的来说，土耳其对中国的投资和合作有着很强的需求。土耳其认为中国有巨大的市场，它想挖掘这个庞大的需求。如果继续目前形式的合作，既不利于土耳其对中国市场的友好度，也不利于中国企业的长远发展，在未来，合作必将基于共赢，这是核心之意。

一

钢铁工业

【土耳其钢铁产量分析】

2016年，土耳其粗钢产量世界排名第八，为3300万吨。据海外媒体（阿纳多卢通讯社）报道，土耳其国内市场中国钢材产品越来越多已经使土耳其钢铁行业的代表们感到非常不安，他们对来自中国的进口钢材极其关注，因为担心失去自己的市场份额。

2015年1–3月份期间，来自中国的钢材进口量增长率高达284%，也就是将近于2014年同期的3倍，进口量达到56.7万吨。以美元计算，这些钢材的进口金额同比增长99%，达到5.04亿美元，平均价格大约为889美元/吨。

土耳其的经济无法承受来自中国进口钢材急剧增加的冲击和影响。

2014年，土耳其粗钢生产能力达到5020万吨，比2013年的

4925 万吨稍微提高 1.9%。而其粗钢产量仅 3400 万吨，产能利用率为 67.7%，低于 70%，更低于中国 72% 以上的产能利用率。仅从产能利用率上面来看，土耳其钢铁生产商似乎比中国钢厂显得更为理智一些。2015 年 1–10 月，土耳其粗钢产量 2655 万吨，同比下滑 6.9%，其中电炉钢产量下滑 13%，为 1743 万吨，转炉钢产量 913 万吨，增 7.6%。

【土耳其废钢发展情况】

由于土耳其国内废钢供应量仅为总消耗量的 1/3，土耳其是世界上最大的废钢进口国。

2013 年土耳其进口约 2000 万吨废钢，从进口来源来看，美国是最大的进口来源国，为 516 万吨。其次分别为英国、俄罗斯，罗马尼亚、比利时紧随其后。

2014 年土耳其废钢进口量 1907 万吨，进口值 71.5 亿美元，分别同比下降 3.3% 及 4.8%。

随着电炉钢产量的下滑，土耳其 2015 年前 10 月废钢消费亦降至 2140 万吨，同比降 11.7%，其中进口降至 1320 万吨，当地废钢采购同比增 2.7%，为 820 万吨。

【土耳其钢铁对外贸易】

2013 年

2013 年土耳其共出口钢铁 1840 万吨，同比下降 7.3%。

2013年土耳其为世界第七大钢铁出口国。其中，螺纹钢出口达到850万吨，使其成为2013年世界第一大螺纹钢出口国。

中东地区为土耳其最大的钢铁出口地区，出口量达到740万吨；其次为非洲，出口量为330万吨；美洲和欧洲地区出口量均为280万吨。

2013年土耳其钢铁出口的总收入为139亿美元，同比下降了10.6%。土耳其周边地区局势的动荡和发达国家针对土耳其钢铁产品展开的反倾销调查，是导致土耳其2013年钢铁出口下降的主要原因。

2014年

由于中国低价钢材大量涌入国际市场，土耳其钢材市场也受到影响。2014年土耳其钢材出口量同比下降4.5%，出口额同比减少4.3%。

受经济放缓以及中东地区冲突影响，全球钢需受挫。土耳其钢材较其他国家钢材不具竞争力。

2014年土耳其粗钢产量为1750万吨，销售总额133亿美元。虽然出口量下降，但在全球钢材出口国排名中土耳其仍位列第八。

此外，作为全球最大的螺纹钢出口国，2014年出口量为770万吨。

中东地区仍是土耳其钢材最大的买家，2014年采购量为620万吨。其次是欧洲国家，进口量为280万吨。北美和北非国家分别自土耳其进口270万吨和180万吨。

2015 年

2015 年前 7 个月，土耳其钢出口 973 万吨，同比下滑 10.2%。其中螺纹钢 427 万吨，降 6.4%，热卷 95.9 万吨，降 3.7%，方坯 20.8 万吨，大幅下滑 52.1%。

7 月份出口钢铁 134 万吨，同比降 3.7%，出口额降达 20.9% 至 9.27 亿美元。其中，方坯仅出口 3000 吨，大幅降 94.4%，热卷出口下滑也较明显，出口 15.9 万吨，降 39.4%。

中东依然是土耳其主要的出口市场，2015 年 1–7 月份对中东钢出口 360 万吨，其次出口欧盟 160 万吨，对北非出口 110 万吨。

出口下滑一方面是上述地区需求呆滞，二是来自中国的竞争。

2016 年

2016 年，土耳其刚出口总额为 49.67 亿美元，占出口总额的 3.5%。

【土耳其钢材价格波动】

薄板方面：土耳其薄板出口面临激烈竞争，一方面是海外市场需求不振，另一方面是来自独联体和中国报价极具价格优势。

2015 年 10 月，土耳其热卷出口报价低至 335–345 美元 / 吨（FOB[①]），大批量交易有 5 美元 –10 美元 / 吨的折扣，冷卷出口报价

① 即 Free On Board，离岸价，按离岸价进行的交易，买方负责派船接运货物，卖方应在合同规定的装运港和规定的期限内将货物装上买方指定的船只，并及时通知买方。货物在装船时越过船舷，风险即由卖方转移至买方。

仍维持在435美元–445美元/吨（FOB）。而独联体钢厂的热卷和冷卷出口报价分别为290美元–310美元/吨（FOB）及365美元–385美元/吨（FOB）；中国薄板出口报价略低10美元/吨。

另外，受市场资金紧张及来自进口资源的压力，土耳其钢厂的热卷出厂价为345美元–355美元/吨，冷卷出厂价为445美元–455美元/吨。

长材方面：受进口废钢价格下跌影响，土耳其螺纹钢出口2015年10月报价较9月底下跌10美元/吨，报于335美元/吨（FOB），市场整体成交清淡。其中，至阿联酋地区的螺纹钢出口报价为330美元/吨（FOB，实重），至美国市场的螺纹钢出口报价为332美元/吨（FOB，实重）。

【行业税收政策调整】

近年来，土耳其将螺纹钢和线材进口税调制较高位置，旨在遏制低价、质量差的产品进口，保护国内钢铁企业。此举将对中国产品出口造成一定的影响。从工艺看，中国钢厂大多采用高铁–转炉炼钢工艺，而土耳其是以废钢为原料采用电炉炼钢。

从原料对比看，国际铁矿石价格指数下滑至80美元/吨（CFR①）左右，而土耳其废钢进口价格约330美元/吨（CFR），中国

① 即COST AND FREIGHT，成本加运费，是指卖方须负担货物至指定目的港为止所需的费用及运费，但货物灭失或毁损的风险及货物在船上交付后由于事故而生的任何额外费用，则自货物在装船港越过船舷时起，由卖方移转予买方负担。

钢厂的生产成本低于土耳其。再加上含硼螺纹和线材和出口退税，显然中国产品在土耳其市场具有一定竞争力。

二

医药市场

【医药市场发展简况】

土耳其药品市场2016年达到207亿新土耳其里拉（TRY）的规模，较2015年增长了16.5%。单位销售额同比增长4.7%，达到22.3亿单位。根据IMS和Technavio的报告，土耳其是“新兴药品市场”20强国家之一。以新土耳其里拉计算，土耳其医药市场预计在2016–2025年间每年增长11%，人均药品销售额从2015年的97美元增加到2025年的128美元。

该行业约有300家制药单位在生产经营。在符合国际标准的67套生产设施中，12套归跨国公司所有。在土耳其境内的12套制药原料生产设施中，其中3套属于跨国公司。制药行业雇佣了大约3.1万名员工，生产1.15万种以上的产品。

2011年的药品出口额为6.1亿美元，过去五年中增长率为

41.4%，到 2016 年达到 8.63 亿美元。

土耳其药品制造商正将产品出口到 170 多个国家，其中大部分贸易是与欧盟、中东和北非以及独联体国家进行的。

土耳其医疗器械行业同样规模较大，2016 年土耳其医疗器械市场超过 23 亿美元。土耳其约有 1000 家医疗器械制造商。伊斯坦布尔、安卡拉和萨姆松省也有医疗器械集群。2016 年至 2020 年期间，以新土耳其里拉计算，市场预期每年将增长 6.7%，

有 4.1 万张床位的 29 个新医疗保健园区项目将满足未来几年该行业持续不断的增长需求。医疗旅游行业的游客人数从 2008 年的 7.4 万人激增至 2016 年的近 100 万人，预计将进一步刺激对医疗器械的需求。

土耳其药品市场发展迅速，以每年 10% 以上的速度增长，2011 年达到 165 亿美元，已经成为全球第 9 大医药市场，进入全球前十大医药市场。土耳其的 200 多家药厂中，95% 为外资，前五六家药厂占据 90% 的市场份额。土 60% 的药品依靠进口，40% 本土化生产，但真正意义上的国产药品只占 5%，其余的 95% 都由合资药厂生产。土现有的药厂生产能力是国内需求的 4 倍，药厂均采用欧洲 GMP 标准。政府一贯鼓励仿制药的使用，约占药品市场 40%。在终端市场环节，全国约有 24000 家独立药店，没有连锁药店，6000 多家医疗机构中，国立医院 800 多家、诊所 5000 多家、私立医院 1000 家左右。有 30 家左右成规模的经销商，前三家控制了 80% 的市场份额。

土耳其药品价格远远低于欧洲平均水平，在希腊售价 10 欧元的药品在土耳其仅为 2 欧元。2011 年土耳其里拉兑欧元汇率下跌近 25%，进口药品价格的上涨导致政府补贴不足以弥补医药企业的损失。在政府宣布降低药品税收之前，医药企业的利润仅为 23%，而纳税率却高达 18%。由于医药企业的利润下降，已有将近 3 万名员工被裁。

2011 年 11 月，土耳其政府宣布下调药品价格，最高下调幅度达 60%。自 2009 年起，土耳其政府已经 3 次大幅下调药品价格。

2012 年土耳其医药行业出口额达 6.15 亿美元。

中东地区、东欧和非洲地区是近年来土耳其医药出口增长最快的目的地。在传统市场欧洲陷入债务危机的背景下，土耳其医药企业正在发展中国家拓展新的市场。2012 年，对中东、东欧和非洲地区的医药及医用器械出口使土耳其医药企业比 2011 年多赚 1.52 亿美元。

随着土耳其在伊拉克重建中发挥着日益重要的作用，尤其是土耳其在伊拉克北部库尔德自治区具有独特的影响力，伊拉克将成为土耳其未来医药出口的一个重点地区。伊拉克目前急需大量新的医疗设施，这对土耳其医药出口行业来说将是个难得的机遇。

【医药行业市场规模】

根据 2012 年的医药销量，土耳其制药市场已位居欧洲第六、世界第九，其 2014 年药品销售量达 86 亿美元，和 2004 年的 62 亿美元的销售量相比，增幅竟高达 37%。

土耳其医疗和制药发展迅猛，2012年和2013年分别增长了5.8%和 8.9%，吸引了更多国内和国际投资商追加投资。2015 年，医药支出从 2014 年的 187.2 亿里拉增加到 206.6 亿，增幅 10.3%；与此同时，医疗支出从 2014 年的 960.1 亿增加到 1059.8 亿，增幅 10.4%，而同期 GDP 实际增长率估计仅为 3.5%。

土耳其劳动力优势也给制药行业带来了机会。24 至 54 岁年龄段人口占土耳其人口总数的 42%，为欧洲最大也最为年轻的生力军。2011 至 2012 学年，制药职业培训学校和大学也培养了大批人才，约 41000 名学生完成学业，走向了相关工作岗位。

【优化市场投资环境】

2014 年 7 月 24 日，土耳其政府颁布了一系列措施，用于提升该国在全球生物医药产业中的地位。其中，加快新药注册过程、增加政府投入以及引入跨国药企投资成为最大看点。

近年来，土耳其医药市场平均增速在 10% 以上，2013 年市场份额超过100亿美元，所有药厂均采用欧洲GMP标准[①]，然而其监管系统则被外界诟病为“令人窒息的”。

针对这一现象，土耳其政府宣布，将加速该国新药注册的程序。此外，政府将在未来投资创建国家卫生研究院，前期以癌症及

① 是英文 Good Manufacturing Practice 的缩写，中文的意思是“产品生产质量管理规范”，或是“优良制造标准”，是一种特别注重在生产过程中实施对产品质量与卫生安全的自主性管理制度。

体检为主，未来三年还将投资慢性病、母婴、儿童及青少年健康、生物技术，以及传统替代医学等领域。土耳其将在医药领域投入研发和投资经费达每年17亿美元。

此外，跨国药企在土耳其医药市场上的投资也扮演了重要角色。2012年，安进以7亿美元的价格收购了当地制药企业Mustafa Nevzat，并于2013年承诺投资3000万美元扩大业务；与此同时，赛诺菲、大冢以及Recordati均表示将在土耳其建厂。

土耳其吸引医药企业投资的竞争优势在于给力的政策和完备的投资环境。土耳其将在2023年实现医药国内生产230亿美元的总值，对外贸易顺差要达到13亿美元。

【中土医药器械贸易】

近年来，我国与土耳其的贸易往来相对比较顺利，2014年我国与土耳其医疗器械贸易总额为2.35亿美元、同比增长17.78%，其中，进口额为806万美元，同比增长333.51%，出口额为2.27亿美元，同比增长14.81%。2014年因受土耳其经济疲软、货币贬值及我国汇率波动影响，导致我国对土医疗器械出口增长率与2013年相比下降了11个百分点，但仍为我国出口前二十个市场增长率居首位。其中，也有部分产品借道转往中东地区，我国出口的产品对土方来说基本为互利互惠补充型产品，中高端产品居多，证明我国产品已经能够胜任土方基本医疗需求。部分高端产品借助援外方式替代欧美日产品，如东软的CT、迈瑞的血球分析仪及迪瑞的血液生化分析仪等。

2014 年我国从土耳其进口的产品主要为：诊疗产品、医用耗材及医用家具等，与其本土具有外资背景及皮革制造领先有关。土耳其市场对中国企业及其产品尤其是医疗器械普遍很感兴趣，市场潜力巨大。如每年 3 月在土耳其伊斯坦布尔举办的 EXPOMED 医疗器械展，展商为 1200 家，规模超过 6 万平方米，吸引了大量来自当地和周边国家的采购商，这些采购商采购目的明确、采购量较大，既注重产品质量，也关注产品价格。我国每年组织中国企业参加展会，使得中国企业获得较多的商机，为我国产品打入土耳其市场及周边的国家和地区奠定了基础。

2016 年，我国与土耳其医疗器械贸易总额约为 6.5 亿美元，其中，进口额为 4600 万美元，出口额为 59000 万美元。

中土经贸随着我国倡导的“一带一路”势必逐渐强化，并伴随着“走出去”步伐加快对推动双方经贸互补互惠起到引领作用，我国医疗器械制造水平的提高和设计工艺的完善，外加在华跨国企业的产品与其母公司全球战略布局，“中国制造”医疗器械产品将更多地参与土耳其市场的招投标及本土化。近年表现优秀的企业如：航卫通用电气医疗系统有限公司、天津九安医疗电子股份有限公司、贝恩医疗设备（广州）有限公司、北京通用电气华伦医疗设备有限公司、金宝医疗器材（上海）有限公司、通用电气医疗系统（中国）有限公司、金佰利（南京）个人卫生用品有限公司、山东颐兴医疗器械有限公司、威海威高富森医用材料有限公司、江苏鱼跃医疗设备股份有限公司等公司产品广泛受到好评，证明了中国制造的优势。

【制药行业投资机遇】

土耳其政府正在与制药行业协调制定一项计划，通过寻找各种途径，力争使该国成为向欧洲、中亚和中东地区提供服务的区域性药品生产中心。

投资需大幅增加

土耳其是全球增长速度最快的新兴经济体之一。该国制定了雄心勃勃的计划，要成为全球重要的制药大国。然而，实现这一目标面临很大的挑战。在土耳其国内市场，它必须将年平均增长率增加2倍，并将国内产品销售的年度增长提高12倍，而出口将必须增加近6倍。

此外，制药行业与政府之间的关系也需要得到重大改善，尤其是与研发型制药公司的关系，它们之中大多数是跨国制药公司。多年来，制药公司对土耳其卫生部滥用权力的做法一直感到不满。在土耳其药品采购中，该国卫生部占据了3/4以上的份额。

2012年早些时候，AIFD（研发型制药公司协会）指责政府没有采取足够的措施鼓励投资，而是将太多的精力集中在降低药品价格上。随着政府着手为制药行业制定行动计划，双方之间的关系变得更加密切。

如果采取适当的措施，到2023年，制药行业能够实现雄心勃勃的目标。土耳其制药行业获得的国内外投资需大幅度增加，尤其是在生产高附加值药品的能力上。

快速发展优势

未来 10 年中，土耳其实现以下一系列目标并不只是一个梦想：药品生产增加一倍以上，达到 230 亿美元；出口从 2011 年 5.2 亿美元提高到大约 70 亿美元；从当前贸易赤字高达 80% 以上转变成为净盈余；研发投资从大约 1 亿美元增加到 17 亿美元。

土耳其拥有若干优势为行业的快速发展提供平台。过去 10 年来，土耳其国内药品市场的规模增长了一倍多，虽然土耳其有 7500 万人口，但人均药品消费仍然相对较低。过去 10 年来，土耳其人到初级医疗保健机构看病的人数增长了 2 倍多，到医院看病的人数增长了一倍多。

土耳其拥有强大的药品生产基础设施，且拥有一流的大学，能够为研发活动提供基础。最重要的是，土耳其位于亚洲与欧洲的结合部，战略地位重要。它可以通过物流链分别将产品运往欧洲（欧洲每年进口价值 2640 亿美元的药品）、俄罗斯（该国每年进口 110 亿美元的药品）、中亚和高加索地区（该地区每年进口 20 亿美元的药品），以及中东和北非地区（该地区每年进口 140 亿美元的药品）。

为了将这些优势转化成现实，土耳其应该吸引大量投资，而政府必须首先制定更加可持续发展的药品定价政策。

目前，土耳其的药品价格是世界上最低的国家之一。

药价下调的阻碍

土耳其近年来在吸引投资方面取得了一些成功。然而，2012 年政府下调药品价格正在对制药公司的投资产生阻碍作用。在 23 家研发型制药公司中，一半以上表示，由于土耳其政府出台有关措施（主要是针对药品价格），它们不得不取消了投资决定。

另外一个问题则是，土耳其政府决定不认可来自欧盟和美国的 GMP。相反，外国制药公司在获得土耳其颁发的药品销售许可证之前，其生产设施必须首先接受土耳其官员的检查。

2012 年 4 月 AIFD 的调查发现，由于需要花费漫长的时间获得 GMP，外国研发型制药公司生产的近 300 种药品的审批在被推迟。

对土耳其来说，另外一个不足之处是它在知识产权保护方面的声誉不佳。在这方面，它在世界上的评级仅名列第 70 位。在一些重要领域，土耳其仍然有大量的工作要做，唯有如此，其药品生产行业才能在世界上获得名列前茅的排名。

【医药管理体系介绍】

医疗财政体系

土耳其医疗卫生条件较好，各个城市均有健全的医院和急救设施，治疗方式以西医为主。土耳其医疗保险覆盖全国大部分城镇，享受医疗保险的土耳其人在政府医院几乎完全免费；18 岁以下全部免费，成人付费 20%。通常国立医院预约时间较长，私人医院或诊所很多，但一般收费较高。

土耳其政府每年投入医药领域的财政预算约为500亿美元，其中药品占到1/3，主要是由财政部下属的社会安全委员会负责预算的执行。政府财政投入是预算制，由财政部与行业协会签署政策性协议，各省设管理机构，医疗机构或药店通过信息系统上报，并执行预算。土耳其没有药品招标采购体系，所以国外的公司和产品无法通过招投标的方式进入土耳其市场。

GMP管理

土耳其没有自己的GMP标准，一律采用欧盟GMP标准，对中国的GMP不予承认。

进口监管

在进口方面，土耳其要求进口的玩具、医疗器械、机械等产品必须要通过CE认证，但是对于通过CE认证的来自欧盟的产品可立即进入土市场，而来自其他国家的产品还需通过额外的检测。药品的进口更为严格，与欧美发达国家一样，必须获得注册证。但是对中国和印度的药品监管尤为严格，主要是对产品质量的质疑。

药品注册

在土耳其进行药品注册的程序与欧美国家基本一致，需要进行严格的审批和临床实验，费用高、时间久。土耳其对植物药的管理属于农业部管辖，对中医药的认知度有限，虽然没有广泛使用，市场上的中药也是以非药品的形式销售，有些甚至是非法渠道进入，但是，近几年进口量在逐年增加，还是具有一定的市场潜力。

三

纺织服装业

【相关关税政策】

土耳其经济部2015年2月18日第2015/7252号政府发布公报，自公报发布（2015年2月18日）日起，对地毯及其他纺织材料产品课征45%–50%附加关税（Additional Customs Duties），唯有与土耳其签有FTA国家或地区除外，故自以下三类国家进口该类产品属豁免对象：

1. 欧盟、欧洲自由贸易联盟（EFTA）、以色列、马其顿、波士尼亚、赫塞哥维纳、摩洛哥、约旦河西岸和加萨、突尼西亚、埃及、佐治亚、阿尔巴尼亚、约旦、智利、塞尔维亚、蒙特内哥罗及科索沃；

2. 韩国；

3. 毛里求斯。

【纺织类产品标签和纤维成分法规标准】

2015年4月25日，土耳其海关和贸易服务部更新了纺织类产品的标签和纤维成分要求的法规标准。

此标准更新之后便符合欧盟法规1007/2011。相较于之前的法规，此次更新主要针对纺织类产品中可能含有的非纺织品的动物原料（比如珍珠、真皮、皮革的领子或花边、羽毛饰品或者骨头配件）的标签要求。其中新法规第13条规定任何纺织类产品中若含有动物原料，需在产品标签上清楚标明，例如标明“包含非纺织的动物原料”（第13条）。

新法规第13条（Article 13）适用于2016年1月1日之后投放市场的产品。其他法规条款的更新将在法规公布后生效。

另外此法规还包括了产品的市场控制和监督，且将由政府部门根据海关和贸易服务部于2014年6月12日在官方公报发布的市场监察与控制法规实施。若供应商的产品不符合相应规定条款，则会被给予一段纠正日期。若过了纠正日期产品仍不符合要求，则会被强制进行行政处罚。

近年，因标签不良导致出口产品退运的案例时有发生。对此，出口企业要熟悉此次土耳其纺织品标签的相关法规及产品标识控制要求，严格按规定组织生产。同时，要增强法规意识和企业自控能力，及时与客户联系确认标签，这样才能更好地确保产品标签信息的真实性、合法性和正确性。

【服装行业发展状况】

土耳其服装产业发达，是土耳其支柱性产业之一。目前，服装出口额占土耳其各类产品出口总额的三分之一左右。土耳其服装以强大的产业规模和竞争性价格，在国际市场纵横驰骋，如今已经成为中国服装主要的竞争对手。

纺织、服装工业在土耳其经济中占有重要位置。土耳其纺织、服装企业大部分为专业化分工生产，或单纯纺纱或织布，或专搞针织或专产服装，具有纺织染整到服装生产一条龙经营能力的企业为数不多。

然而，近年来，一些大型企业联合成控股公司，可以从纤维生产直到制成最终产品，形成非常强大的完整产业链条，其产品价格拥有较强的竞争力。

土耳其服装产业在国家的出口产业中保持住了领先地位。欧盟是土耳其服装出口的最大市场，也是土耳其出口业绩最好的主要目的地。

中国服装产业虽然很发达，但是相比土耳其，中国与欧洲国家的地理距离较远，运费较高；此外，土耳其出口到欧盟国家的产品，享受欧盟国家非常优惠的税收，乃至免税待遇；另外，土耳其的纺织、服装工业具备原料充足、劳动力价廉的特点。这些因素是土耳其服装在欧盟市场上纵横驰骋，成为中国服装的最主要的竞争对手的原因。

【行业对外贸易分析】

2013年，土耳其纺织品及原材料（包括服装）出口达83.9亿美元，比2012年的78.3亿美元增长了7%。

其中，织物类的出口额为28.3亿美元，在出口总额中占比最高，为33.8%。其次为纱线产品，2013年出口额为17.4亿美元，针织面料位列第三，出口额为16.8亿美元；纤维出口额为6.42亿美元。

纺织品及原料出口占2013年土耳其出口总额的5.5%。欧盟依旧为土耳其纺织品服装的主要出口目的地，其45.6%的纺织品服装出口至欧洲。

按国家来看，2013年，俄罗斯为土耳其纺织品服装第一大出口目的地，出口额为10.1亿美元，意大利位列第二，为8.37亿美元，德国为4.45亿美元，罗马尼亚为3.29亿美元，英国为3.21亿美元。其中，对中东国家出口额激增6.2%，为6.63亿美元。

2014年纺织品出口额占土耳其出口总额的18.6%，为293.7亿美元，增长5.8%。

2016年，土耳其服装及原材料出口总额为262亿美元，同比增长 -0.4%。

【细分市场发展分析】

纺织业，一直是土耳其的支柱产业之一，土耳其的棉花产量、羊毛产量和人造纤维产量均居世界前列。纺织和服装行业占该国生产总值的5.5%和工业总产值的17.5%，占制造业产值的19%，占制造业就业人数的20%左右，占出口总值的30%左右。土耳其纺织业的技术水平居世界领先地位，纺织服装配套行业，如针织、色染、印花以及装饰等都很发达。地毯、家纺家居产品和皮草皮革制品，是土耳其纺织业最独具特色的产品门类。

纺织行业是土耳其重要的经济支柱，对就业、生产和出口作出了重大贡献。过去的几年里，土耳其纺织业为国家创造了大约12.5万个新的就业岗位，对促进国家经济增长作出了巨大贡献。

地毯制品

土耳其地毯拥有艳丽的颜色和精致的图案，充分体现了土耳其拥有最多人口的伊斯兰民族的艺术文化精华。早在奥斯曼帝国繁荣时期，土耳其地毯已经远销欧洲和远东，成为众人追逐的财富和身份的象征，是土耳其值得骄傲的民间艺术。而今，土耳其地毯仍是该国纺织业的特色之一，不仅在欧洲地区享有名气，土耳其地毯还出口至全球各地。根据伊斯坦布尔地毯出口协会的统计数据，2013年，土耳其地毯出口额约为21.9亿美元，同比增长9.3%，在亚洲地区仅次于中国。

土耳其地毯不仅做工优良、图案精致，其价格优势也为其在国际市场上争得了一席之地。全球约40%的机织地毯出自土耳其，巴拉圭和荷兰的地毯售价每平方英尺约150~200欧元（约合每平方米13.5~18欧元），而土耳其的地毯价格约在每平方英尺5~15美元（约合每平方米0.45~1.35美元），这也是土耳其地毯出口不断得以增加的原因。除欧洲市场外，中东国家也是土耳其地毯出口的主要市场，此前，受叙利亚危机影响，土耳其地毯出口中东国家有所减少，但不久之后土耳其地毯的出口量便呈恢复趋势。根据伊斯坦布尔出口协会的统计数据，仅在2014年一季度，土耳其地毯出口5.47亿美元，同比增长9.9%，占土耳其一季度商品总出口额的1.42%。到2023年，土耳其的地毯出口将会达到55亿美元的目标。

家纺产品

土耳其是世界规模较大的家纺品生产国之一，在土耳其纺织业的优势产品门类当中，家纺产品可谓首屈一指。

土耳其家纺产品相当齐全，其家纺业产品覆盖范围广泛且质量出众，已成为世界家纺业的领导者之一，尤其在窗帘、装饰面料、刺绣品、毛巾、浴袍、床上用品等方面。根据土耳其乌鲁达纺织出口协会（UTIB）的统计，2013年，土耳其出口家纺产品31亿美元，占全球家纺产品产出的5%。

土耳其家纺产品在全球市场占有越来越重要的位置，这离不开纺织业对家纺产品的审时度势与谋划。在国内举办家纺展会、参加国际大型家纺展会，是土耳其促进其家纺业发展的手段之一。土耳其家纺展参展规模大、参展商品种类齐全，在业界有很高的知名度。伊斯坦布尔国际家纺展是土耳其乃至世界范围内规模较大的展会之一，在2013年的展会上即吸引了1000家展商，以及12.5万名参展观众。土耳其家纺展的成功举办，也显示出土耳其家纺业的快速发展，且有能力适应不断增长的需求。

此外，家纺产品应不断加强新技术的应用，并不断满足消费者的需求。欧洲历来是土耳其家纺产品的主要出口市场之一，在2008-2009年金融危机后，欧洲市场受到较大波动，而土耳其向中东国家和非洲地区的家纺产品出口量与出口欧洲市场基本持平。土耳其家纺产品也应更多地关注中东以及非洲市场。

举办家纺设计大赛，提高家纺设计师的设计水平，是土耳其家纺业发展的又一锦囊。2014年4月，土耳其乌鲁达纺织出口商协会（UTIB）举办了土耳其家纺设计大赛，约超过530名家纺产品设计师及学生参加了大赛。举办此等展会旨在为学生及年轻的设计师展示他们的作品和才华提供一个平台，鼓励他们创造出更加具有创意的家纺产品，提高在国际市场的竞争力水平，并促进家纺产品的出口以获得更大利润。

皮草皮革

土耳其皮革行业无论从产量还是出口量来说都是土耳其纺织经济的支柱之一。土耳其皮革行业在近年来取得了长足的发展，现在不仅出口皮革产品，还出口皮革加工技术、设备和专有工艺。根据土耳其出口协会和伊斯坦布尔纺织服装出口协会的统计，2013年，土耳其出口皮革及皮革制品19亿美元，较上年增长16.4%。

土耳其国内皮革服装市场非常分散，皮革服装行业的流行趋势是朝着更加自然和休闲的方向发展。作为欧洲服装生产加工的重要基地，尤其是对俄罗斯市场出口国中首屈一指的国家，土耳其不仅在生产加工技术、设备和工艺方面有其独到之处，在产品的设计与加工方面也很优秀。其优势主要有几个原因：地理位置优越，得天独厚；养殖业非常发达，为皮革业以及毛纺织的发展提供了较强的原料保障。在技术与人才方面，土耳其也有较大优势，土耳其多数居民信奉伊斯兰教，但其不封闭，意识相对比较开放，特别是在服装的流行方面，紧跟意大利的流行趋势，产品时尚且国际化。为重视产品质量和品牌的打造，土耳其政府为皮革行业还提供了一定的鼓励政策。

【行业高速发展原因】

土耳其纺织服装业发展到今天，经过了一段漫长的历史，其服装业出口高速发展，主要有以下的原因：

1. 土耳其纺织业的自给能力强。棉花产量、羊毛产量和人造纤维产量均居世界前列，其纺织服装配套行业很发达，这为土纺织和服装业的发展提供了基础和保障。

2. 纺织服装业的大量投资，保障了全行业能够不断进行设备更新和技术改造。这为土纺织和服装业的发展提供了生产和技术保障。

3. 土耳其许多大的财团都在纺织和服装业有投资，并且形成了一批有竞争力的企业。这些大企业的形成，避免了中小企业为了出口而各自为战的局面。

4. 积极采用新技术，如计算机辅助设计和生产，培养高技术水平的产业工人，这为服装设计、加工能力站在行业的前沿提供了保障。

5. 强调质量是其发展的关键。土耳其服装出口价格要高于欧盟纺织品进口的平均价格，主要是原材料和劳动力成本与其他国家相比没有多大优势。但重视质量和抓住了机遇，在最短的时间内，提供了最好的产品和最优良的服务。

6. 政府提供一定的鼓励政策。对进口原料加工后出口到第三国，可以采用来料加工的方法，即申领进口许可证后可免征关税和增值税。

7. 土耳其是欧洲关税同盟国，其出口到关税同盟国的工业产品不受配额限制并免征关税。这对土耳其向欧洲出口来说是一个非常有利的因素。

【行业投资吸引力分析】

1. 外资政策：外资法律体系较完整，外资享有国民待遇。在鼓励地区投资且投资额达到一定数量的外资可获得政府颁发的“优惠证书”，享受海关免税、酌免税收、补助信贷、优惠住房基金和能源等方面的优惠待遇。

土耳其对纺织服装行业采取投资激励政策，特别鼓励中小企业在不发达地区投资纺织服装行业以保证就业，稳定社会。土耳其在纺织服装行业采取积极的鼓励出口政策，其纺织服装配套行业很发达，这为土纺织和服装业的发展提供了基础和保障。为了鼓励纺织品服装出口，政府对纺织服装业加大投资，保障了全行业能够不断进行设备更新和技术改造。土要求行业内的协会支持并指导企业积极采用新技术，如计算机辅助设计和生产，培养高技术水平的产业工人，为服装设计、加工水准的提高提供了保障。

土耳其服装出口价格一般要高于欧盟纺织品进口的平均价格，是因为企业能够生产品质较好的服装，特别是有能力为国际上的著名品牌加工。政府为企业的来料加工提供鼓励政策，对进口原料加工后出口到第三国，可以在申领进口许可证后免征关税和增值税，从而为企业的出口创造了环境。

2. 纺织业基础和劳动力市场：纺织、服装行业占土耳其国内生产总值的 5.5%，占土出口总值的 39%，土纺织工业主要依赖出口。政府规定最低工资为 90 美元 / 月。

土耳其纺织服装行业的投资环境相对比较成熟，那里能够基本保证水、电和汽的生产能源供应，且有大量的无技术和半技术工人，缺少高技术产业的合格工人。

在纺织服装领域，传统的学徒教育做法很普遍。土耳其工人劳动素质较好，生产成衣的工资成本较低。服装生产工人每周工作 45 个小时，每月工资最低为 200 欧元，最高为 400 欧元，除了中国及其附近的亚洲国家以外，土耳其是服装生产成本最低的国家。

3. 双边合作：中土两国已签投资保护协定及避免双重征税协定，成立了中土经济贸易联合混委会，建立了贸易磋商机制。因两国都是资本净输入国，相互投资规模较小。

4. 加入区域组织和优惠贸易情况：欧洲关税同盟、经济合作发展组织（OECD）（12）成员国和欧盟候选国。土产品可在欧盟内部自由流通。

与中国相比，土耳其纺织业的主要竞争优势有：

1. 原料来源丰富，且价格稳定，这为其纺织服装业的发展提供了基础和保障；

2. 技术改造成功，产品质量档次较高，这为其纺织工业的发展提供了生产和技术的保障；

3. 地理位置优越，接近西欧市场。土耳其是欧洲关税同盟国，其出口到关税同盟国的产品不受配额限制并免收关税。这对土耳其纺织品贸易的发展无疑是个非常有利的因素。

与中国相比，土耳其纺织业最大的问题是工人的劳动成本高，目前工人平均工资为 2.14 美元 / 小时，从而导致产品价格偏高，这已经影响了其在美国市场上与我国以及巴基斯坦、印度等国厂商的竞争。

为了帮助土耳其纺织品生产商增加出口，并更好地与中国、印度、巴基斯坦等国在国际纺织品市场上竞争，土耳其政府计划将纺织品服装的增值税从 18% 削减至 8%。这对我国纺织业，无疑又是一个挑战。

对中国而言，土耳其的原料优势和国际市场的地理和历史优势是所不能改变的，但是就纺织产品质量、档次、科技含量而言，中国还有很大的发展空间。应当立足优势，做好产业升级，这不仅是与土耳其竞争，更是立足世界纺织业的根本发展点。

四

橄榄油产业

【橄榄油产业发展综述】

土耳其是世界主要橄榄油生产国之一，其橄榄油产量大、质量好、价格低，行销世界各国，是土耳其主要出口农产品，在土耳其农业中占有重要的位置。

土耳其直接从事橄榄油行业的有 40 万个家庭，总人数达到 200 万人，与橄榄油有关的人数约 1500 万，占其总人口的四分之一。目前，橄榄油已成为土耳其前 10 位农产品的主要支柱之一。

土耳其橄榄油产量以 2 年为一周期，一年丰产，一年小产。总体来说，产量呈逐年上升趋势。

欧盟和美国是土耳其橄榄油的主要出口国，此外，土耳其橄榄油还畅销世界各个国家和地区，包括日本、加拿大、瑞士、以色列、科威特，以及科特迪瓦、塞舍尔、哥伦比亚、智利和澳大利亚。另外还有远东、中东、非洲和美洲等90余个国家。

土耳其橄榄油行业的主要行业组织为TARIS合作社，全称为“TARIS无花果、葡萄、油类作物农业销售合作社”，起源于1915年，下设“无花果农业销售合作社”“葡萄农业销售合作社”和“棉花农业销售合作社”。合作社属于在政府注册的半官方机构，负责所辖地区农产品，包括橄榄的采购、加工和销售，每两年举行一次代表大会，选举新的领导机构，在爱琴海57个地区有73个分会和超过75600家生产合作企业，其中包括“TARIS橄榄生产公司”和实验室，是土橄榄油龙头合作社。

其他与橄榄油有关的协会包括：

1. 爱琴海橄榄和橄榄油出口协会（伊兹密尔）

2. 马尔马拉协会（布尔萨）

3. 橄榄之友橄榄和橄榄油协会（伊斯坦布尔）

4. 植物油工业家协会（安卡拉）

5. 特拉克亚植物油工业家协会（埃迪奈）

6. 土耳其橄榄油组织（伊兹密尔）

【橄榄油出口市场】

土耳其希望在世界橄榄油行业占据第二位，而其橄榄和橄榄油推广委员会集中在其产品上做努力。通过公平竞争，目前土耳其在印度橄榄油进口市场占25%的份额。

印度是橄榄渣油消费大国，但近年来特级初榨油进口量增加。

对土耳其来说，印度是个重要的新市场。在 2013–2014 年印度进口大约 10000 吨。同比这个数字增加了 50%–60%，而土耳其决心要分一杯羹。

其他国家，比如中国，也在推广委员会的计划中。土耳其相信在 2023 年将生产 650000 吨橄榄油。

【橄榄油产业优惠政策】

为鼓励土耳其农民种植橄榄油，扶植本国橄榄油产业，土耳其政府采取了多种补贴措施。首先，土政府鼓励农民种植橄榄树，对于大于 1 公顷的橄榄园给予 2500 新里拉（折合 2083 美元，新里拉 / 美元 =1.2）/ 公顷的奖励，对橄榄油的奖励金为 11 新库鲁士（折合 0.092 美元）/ 公斤。土耳其政府还对橄榄种植园使用的柴油和化肥给予如下补贴：大于 50 公顷的橄榄种植园，柴油每公顷补贴 15 新里拉（折合 12.5 美元），化肥每公顷补贴 10 新里拉（折合 8.3 美元）。

【橄榄油进军中国市场】

土耳其橄榄油向中国出口始于 1996 年，当年出口数量为 1.045 吨，总额为 4.02 万美元。

2012 年土耳其橄榄油出口到中国的总量在其总出口量中所占百分比不到 0.025%，与此同时，土耳其橄榄油行业协会已经在加紧布局中国市场。应该说，土耳其橄榄油在国内市场的份额较小，应该有很大的空间。

土耳其向中国出口橄榄油的品种主要是：特级纯天然橄榄油、里维埃橄榄油、其他橄榄油精炼橄榄油，和2级纯天然橄榄油极少。

与在其他国家市场相似，土耳其在中国市场主要是采取散装出口，在中国分装后再行出售。随着中国市场对橄榄油的需求增温，近年来一些有远见和实力的公司也开始在中国市场以其自己的品牌出售成品。如名列土耳其橄榄油行业前茅的巴色尔（BASER）食品公司已在北京和上海以“Medolive”的品牌开始销售土耳其橄榄油。该公司生产基地在穆拉（MUGLA），月平均加工能力在3千吨，目前巴色尔食品公司已使用“CavalloD'oro和Medolive”向美国、俄罗斯、乌克兰、日本、沙特、南非等30个国家出口橄榄油。此外，还有一些公司也对中国市场表示兴趣，有意在中国市场推销自己的产品。

五

旅游业

【资源分析】

近年来，土耳其每年吸引超过3000万游客入境旅游。2015年来土耳其的国外游客数量达到3940万人，同年旅游业总营业额高达314亿美元。根据来访国外游客数量，安塔利亚是土耳其最受欢迎的城市。2014年访问该座城市的国外游客占34%，安塔利亚中心和周围城镇拥有500多家4星级和5星级酒店，如凯梅尔、贝莱克和卡什。从安塔利亚向北是伊斯坦布尔，伊斯坦布尔吸引了32%的外国游客，而土耳其首都安卡拉吸引了1%的外国游客。穆拉位于爱琴海沿岸，吸引了9%的外国游客。仅次于穆拉的伊兹密尔和艾登，这两个地方吸引了4%和2%的游客。靠近内地的两个地方分别是代尼兹利——棉花堡所在地，以及内夫谢希尔——卡帕多西亚所在地，吸引了3%的游客。

在旅游基础设施方面，截至 2015 年年底，注册的住宿设施达 13615 家。这些设施中，9188 家得到相应市的许可，而剩余 4427 家持有旅游经营许可证。这些设施的总接待能力超过 125 万人次。

土耳其在地热旅游资源方面，拥有 1500 处温泉，跻身世界前七，在欧洲排名第一。所有温泉度假村的床位接待能力达到 55140。

土耳其还是新兴的高尔夫旅游目的地，拥有 15 个获得旅游营运许可的高尔夫度假村。土耳其大多数高尔夫球场的草坪使用的是狗牙根草，这种草很适合地中海的气候，使用寿命为十年以上。土耳其航空公司通过赞助和支持一些有名的职业和业余高尔夫球赛事，大步进军高尔夫球领域。土耳其航空世界高尔夫杯于 2013 年推出，已陆续在全球 12 个城市举办过比赛。土耳其航空公司已经第 5 年赞助土耳其航空女子公开赛——欧洲女子巡回赛中最受欢迎的赛事之一。

【发展规模】

土耳其文化旅游部调查显示，2015 年来土耳其的国外游客数量达 3940 万，同年旅游业总营业额高达 314 亿美元。

德国取代俄罗斯成为土耳其第一大外国游客来源国。2015 年前 8 个月，德国赴土游客增长 8.9%，累计达 375 万人次。而俄罗斯游客则锐减 20.7%，降为 278 万人次。

土耳其里拉相对欧元大幅贬值，增加了欧洲游客来土旅游的吸引力。但与此同时，受卢布贬值和经济危机的冲击，俄罗斯游客大幅减少。2015 年上半年土耳其旅游收入为 126 亿美元，较 2014 年同期下降了8%。2014年全年，土耳其共接待外国游客3684万人次，旅游收入343亿美元。

【投资优势】

土耳其横跨欧亚大陆，土耳其大陆西起巴尔干，东至高加索，全长1000英里，向北延伸至黑海，南部濒临地中海。气候温和、地形复杂，从沿海平原到山区草场，从雪松林到绵延的大草原。这里是世界植物资源最丰富的地区之一。

土耳其大陆长达5000英里的海岸线点缀着数处保存完好的爱琴海和地中海海滩。巍峨的阿勒山高达17725英尺，山顶终年积雪覆盖，景色蔚为壮观，吸引了众多游客。此外，这里还是一个河流湖泊众多的国度，底格里斯河和幼发拉底河均发源于此。独特的地理位置、宜人的气候条件使土耳其成为游人向往的乐园。形状各异的现代化建筑、华丽肃穆的清真寺唤礼塔、飞跃于博斯普鲁斯海峡之上的跨海大桥、《荷马史诗》中的特洛伊城遗址、世界奇景卡帕多西亚、观鸟胜地库什湖、秀美的亚洛瓦温泉……迷人的自然风光，丰富的文物古迹，使土耳其享有"旅游天堂"的美誉。土耳其的安卡拉羊世界著名，人们用烤全羊招待宾客。土耳其人十分重视着装，爱赶潮流。旅游业是国民收入的一个重要来源。

土耳其为大力鼓励旅游业，政府出台了众多优惠政策，比如旅游产品零关税出境，以及游客购买本国产品可办理一定数量的出口退税；旅游业小产业者开业初期可以享受政府补贴等；对国外来投资旅游业的机构、个人享受与土本国国民相同待遇等。

【多元化发展】

土耳其迷人的自然风光及充满传奇色彩的古城遗迹，为当地带来了络绎不绝的国外游客。如今旅游业是土耳其吸引投资最多的三大产业之一。

随着全球经济复苏，土耳其旅游部门及旅游行业正积极发展多元化旅游，以进一步拓展旅游市场。

首先，土耳其努力发挥传统自然景观旅游项目已发展成熟的优势，在为顾客提供优质服务的基础上，希望刺激游客加大消费力度，提高传统旅游项目的收入。

其次，土耳其将大力发展“奢侈”旅游，开发高消费旅游项目。土耳其在文化旅游、高尔夫旅游及各类温泉旅游等方面具有得天独厚的优势，这些“奢侈”旅游将优先得到发展。土耳其著名旅游城市安塔利亚目前共有 255 家酒店和度假村，其中几大度假村分别荣获 2009 年世界或欧洲旅游奖，有些度假村被评为欧洲顶级高尔夫度假村。这使当地成为土耳其“奢侈”旅游的首选地。

第三，土耳其将积极发展商务、运动等非传统旅游项目。目前，土耳其当地许多旅游投资者已将目光转至高消费的商务旅游、足球训练营等。土耳其众多五星级酒店举办高规格商务会议的硬件设施一应俱全，商务旅游条件已相对成熟。而安塔利亚有的度假村建立了符合国际标准的足球场，通过开办足球冬季训练营，开发足球旅游这一新市场。

土耳其旅游界还努力宣传“健康旅游”，引进旅游新概念。2010 年 3 月底，土耳其健康旅游组织联合其 100 个成员代表，开始在哈萨克斯坦宣传“健康旅游”活动，详细介绍土耳其境内的健康旅游信息。该组织还将在比利时、德国、阿联酋、阿塞拜疆、俄罗斯、克罗地亚、乌克兰、利比亚等国推广健康旅游活动。此外，土耳其还充分利用其多面临海、拥有丰富动植物资源和原始美景等地理优势，积极发展海上垂钓、生态旅游等多项旅游项目。

【发展机遇】

土耳其旅游业持续增长，增长率已经超出了床位接待能力，即使在最近几年出现大规模投资，仍有足够的空间来满足新投资。安纳托利亚东部和东南部潜力巨大，尚待开发，一方面是文化旅游，另一方面是将越来越受欢迎的精品酒店与当地的自然、历史及文化特点相结合。

土耳其政府制定了一系列旅游激励措施和刺激政策，在降低公用事业价格和税率的同时，更是果断地清除了任何可能妨碍旅游业发展的官僚主义制度障碍。在土耳其政府和行业组织的共同努力下，对新领域，比如大型会议和会展中心建设领域的投资有所增加，这促进了会展行业，尤其是土耳其最大的城市——伊斯坦布尔的繁荣发展。

土耳其是全球第 6 大最受欢迎的旅游目的地，预计未来几年内，每年将吸引 4000 多万名游客。土耳其凭借自身优越的地理位置、现有的发展潜力、大型项目以及 2023 年的宏伟目标，通过将旅游行业与不断增长的金融和基础设施产出相结合的方式，为广大的投资者提供了巨大的机遇。

本章要点

土耳其当前的钢铁产量在欧洲位居第二，仅次于德国（2015年粗钢产量为4270万吨），在欧盟以外的其他欧洲国家位居“老大”。在钢铁贸易方面，中东是土耳其的主要出口市场，近年来受到需求呆滞和市场竞争的影响，出口额有所下降。

土耳其药品市场发展迅速，以每年10%以上的速度增长，2011年已进入全球前十大医药市场。目前，土耳其有200多家药厂，95%为外资，前五六家药厂占据90%的市场份额。目前，土耳其政府正在与制药行业协调制定计划，力争使该国成为向欧洲、中亚和中东地区提供服务的区域性药品生产中心。

土耳其服装产业发达，是土耳其支柱性产业之一。目前，服装出口额占土耳其各类产品出口总额的三分之一左右。土耳其服装以强大的产业规模和竞争性价格，在国际市场纵横驰骋，如今已经成为中国服装主要的竞争对手。此外，土耳其的棉花产量、羊毛产量和人造纤维产量均居世界前列。

土耳其是世界主要橄榄油生产国之一，其橄榄油产量大、质量好、价格低，行销世界各国，是土耳其主要出口农产品，在土耳其农业中占有重要的位置。土耳其向中国出口橄榄油的品种主要是特级纯天然橄榄油、里维埃橄榄油等。精炼橄榄油和2级纯天然橄榄油极少，目前土耳其对中国散装出口较多，形成品牌出售较少，存在利润空间。

土耳其是全球第6大最受欢迎的旅游目的地，预计未来几年内，每年将吸引4000多万名游客。土耳其凭借自身优越的地理位置、现有的发展潜力、大型项目以及2023年的宏伟目标，通过将旅游行业与不断增长的金融和基础设施产出相结合的方式，为广大的投资者提供了巨大的机遇。

TR

THE REPUBLIC OF TURKEY

第五章 投资贸易操作指南

05

有备者无患

不管未来的前景如何，跨国投资风险应对总是第一位的，因此，我们要做到“有备无患”。

土耳其作为亚欧两大洲的枢纽，占据着有利的地理位置，是很多跨国公司的理想投资场所。外商在土耳其偏好的投资方式为拓展现有业务。

土耳其不仅吸引知识密集型企业的外商投资，也吸引重工业的外商投资。伊斯坦布尔是土耳其最受外国投资者青睐的城市，该城市最具吸引力之处在于其地理位置。当然，城市本身良好的基础建设及受教育程度良好的劳动力也是吸引外商投资者的重要因素。

对中国企业来说，如此优越的投资环境，也意味着激烈的竞争，与此同时，越重大的投资，就意味着同样量级的风险。在笔者有限的了解当中，这样两种情况是非常常见的：一是国企式投资，规模大、政策性强，往往牵涉到政府高层，但进展较慢、效率不高，利润容易被政策所牺牲，仍在规模效应中无法自拔；二是农民式投资，规模小、灵活多变，但始终是小本生意，标准化、技术化意识不强，自我保护能力弱，不会借助外力帮助自己发展。这一大一小两种方式可能有些偏激，但在海外中国企业中极具代表性，大型企业通过规模和政策来与风险对冲，微小企业通过灵活应对来抵抗或躲避风险，其共同点，就是对风险的认识不足，应对被动，损失惨重。

近年来，中国企业的风险意识在不断增加，寻求咨询服务、发挥媒体和网络的力量、外包部分服务、寻求大使馆帮助已经成为对外投资贸易的重要手段，但外力的使用离不开内在认识的提高，中国企业在跨国经营中面临着可预测和不可预测的风险，包括但不限于外汇、法务、税务、签证、劳资等合法合规的经营性问题。因此，在“走出去”前，充分获取此类信息、做好可行性调研、加强与政府的沟通、适时调整内部管控，方能防范和规避合规性风险。业内有句话的大意是，“风险后的收入才是真正的利润”，也就是这个意思。

一

注册企业

【设立企业的形式】

2012 年 7 月 1 日，土耳其酝酿多年的《新商法典》正式生效，取代了此前实施了五十多年的《贸易法》。新法首次将国际会计准则纳入土耳其国内法，旨在增加企业透明度，与欧盟立法接轨，其主要目标是：建立一个符合国际标准的公司治理方式；鼓励私募股权投资和公开招股活动；实现经营管理透明化；确保土耳其商业环境符合欧盟法律规定等。在《新商法典》框架下，从事经营活动的企业有以下 3 种形式，即独资公司（Merchants）、合资公司（Commercial Partnership）和合作组织（Cooperatives）。

由个人独资开设的企业被视为独资公司。

合资公司分为以下几种：

1. 股份公司。公司的资本被分为若干股，股份持有者的责任与所拥有的股份数对等。《新商法典》将合伙公司最少发起人数要求由5人降低为3人（自然人或法人），董事会人数由最少3人减为1人，法定资本限额仍不得少于50000里拉。

银行、私人金融机构、保险公司、金融租赁公司、金融代理公司、控股公司、外汇兑换所、仓储公司、受资本市场法律约束的公众公司、免税区的投资人和经营者，必须以合伙组织形式成立，并须得到工商部批准。

2. 有限责任公司。根据《新商法典》规定，建立有限公司需2人以上的人数限制已被删除，1个人也可以建立有限责任公司。在此情况下，公司将需要在7天之内进行登记和公示，并在公司网站上公布。此外，新法将有限公司的最低注册资本由5000里拉提高到10000里拉。

3. 集体公司。这类公司是一个联合体，用于以相同公司名义参与商业活动，最大特点是合伙人对联合体的债务负有无限连带责任。此类公司没有注册资本最低限额，但所有投资者必须是自然人，股东的责任在公司章程中被明确规定。

4. 两合公司（Commandite Company）。在此类公司中，有些合伙人对公司负有仅限于所投资的股份有限的责任，而有些股东却负有无限责任，那些拥有无限责任的称为任职合伙人，反之则称为隐名合伙人，法人只能是任职合伙人。此类公司没有注册资本最低限额。

合作组织是一种基于互利合作的商业协会，由愿意提供自身职业技能及其他资源的人组成。此类协会必须按照《合作组织法》

组建。

设立外商投资企业的主要原则可归纳为以下几点：

1. 允许外国人在土耳其建立股份或有限责任公司，特别是允许单人设立有限责任公司。

2. 国外的法人或自然人可依据 GDF1 确定的原则买卖股票。

3. 居住国外的法人可在土耳其设立联络办公室。

4. 如果外国合伙人参股比例不变，增加资本无须批准。

5. 专利技术特许，技术支持和管理协议无须批准，只须向财政署注册。

【注册企业的受理机构】

建立上述几种企业所需的文件基本相同，只是根据企业类型的不同略为调整。根据现行的法律，在土耳其设立公司，所有的材料和手续都要提交给企业所在地的企业注册办公室。以伊斯坦布尔地区为例，该地区企业注册办公室设在伊斯坦布尔商会大楼内，并在 Kadikoy、Perpa 和 Istoc 3 个地方设有分支机构。企业注册办公室有权拒绝不符合法律的注册请求。得到企业注册办公室批准和登记后，所有企业登记信息都会被记录在案，并会获得一个唯一的注册号，即可开始运营。设立公司所需的声明、设立申请和承诺书等文件格式均可在伊斯坦布尔商会的网站上找到，也可向商会及其分支机构索取，网址 www.ito.org.tr。

【设立企业所需的文件】

设立独资公司所需的文件包括：

申请书；经过公证处公证的公司名（包括家庭地址、经营地址、经营范围、开业时间、国籍、公司名称和商人本人提供的3个签名样本）；护照复印件（翻译成土文并经过公证）；商会注册声明；承诺书。在土耳其生活和工作的外国人必须提供工作许可证和居住许可证。

设立合资公司的文件包括：

1. 股份公司及有限责任公司：申请书（必须说明已在税务部门登记，由本人或者代理人签字，并附上委托声明）；填写成立声明5份（相关的空格需由被授权人填写及签字）；由公证处认可的公司章程；外籍合伙人如果是自然人则还需护照复印件（翻译成土耳其文并经过公证）；

授权人在公司名下的签字（2份）；银行收据的原件；商会注册声明（必须包括自然合伙人的照片）；承诺书（由被授权人签字）。

其中，外籍合伙人如果是法人团体，所需文件为：土耳其相关部门提供的活动证明，需包括现在该法人的经营状况和有权签字人；该法人出具的有效委托书，必须包括被委托的权利人或者自然人的信息；上述证明（活动证明、委托书）必须有土耳其驻投资人所在国使领馆的认证和签字；这些被批准的证明文件必须被公证并译为土耳其文才能被提交给商业注册办公室。

在土耳其居留的外籍人士，须提交经公证的居住许可证。设立股份公司所需要的文件须由科技和工业部批准。此外，经公证处公证的公司章程，也需要科技和工业部下属的国内贸易部门的批准。

2. 集体公司：申请书（必须说明已在税务部门登记，由本人或者代理人签字，并附上委托声明）；填写成立声明 5 份（相关的空格需由被授权人填写及签字）；经公证处公证过的公司章程；公司所有高层管理人员在公司名下的签字；护照复印件（翻译成土耳其文并经过公证）；商会注册声明（必须包括自然合伙人的照片）；承诺书（由被授权人签字）。在土耳其居留的外籍人士，须提交经公证的居住许可。

3. 两合公司：注册两合公司的文件包括所有注册集体公司文件。

若两合公司的隐名合伙人是法律实体，需要下述文件：外国投资者必须有本国相关部门提供的活动证明，证明必须包括现在公司的经营状况和有权签字人；委托书必须包含权利人或者自然人；上述证明（活动证明、委托书）必须有土耳其驻投资人所在国使领馆的认证和签字；这些被批准的证明文件必须要经过公证，并译为土耳其文才能被提交给商业注册办公室。

设立合作组织的文件包括：

申请书（由被授权人亲笔签字）；由有关部委批准的组织章程和经公证的章程简要说明（2 份）；有关部委批准设立的文件；合作组织董事会成员在合作组织名下的集体签名；承诺书（商人亲笔签字）；商会注册声明（包括发起人的照片）。按照合作组织法的第 56 章，董事会的执行董事必须是土耳其公民对于在土耳其居留的外籍人士，须提交经公证的居住许可。

【成为已设立公司合伙人的程序】

在土耳其要成为已经设立的公司的合伙人，有两个途径，一个是转让股份，一个是追加公司注册资本。根据现行的土耳其贸易法规，股份公司的股份转让不属于企业注册办公室的职权范围。

1. 通过股份转让参与公司合伙所需文件：申请书（必须由被授权人在公司印章上签字，如果由代理人签字，须附上委托声明）；对于有限公司，须提交经公证的合伙人委员会同意的决定（经公证的股份转让协议中应包括合伙人的国籍和地址）；对于集体公司和两合公司，须提交经公证的、修改公司章程中关于股份转让部分的草案（2 份）。

若外籍合伙人是自然人，则需要 2 份护照复印件（翻译成土耳其文并经过公证）。若外籍合伙人是法律实体，需要下述文件：外国投资者必须有本国相关部门提供的活动证明。证明必须包括现在公司的经营状况和有权签字人；委托书必须包含权利人或者自然人；上述证明（活动证明、委托书）必须有土耳其驻投资人所在国使领馆的认证和签字；这些被批准的证明文件必须被公证并译为土耳其文才能被提交给商业注册办公室。对于在土耳其居留的外籍人士，须提交经公证的居住许可证。

2. 通过追加公司注册资本参与公司合伙所需文件：申请书（必须由被授权人在公司印章上签字，如果由代理人签字，须附上委托声明）；

若外籍合伙人是自然人，所需同“通过股份转让参与公司合伙所需文件”。

【许可手续】

原则上，在土耳其投标的企业必须在业内有与本标相关的业绩，并通过用户的资格预审。对于一些特殊行业或特殊工种，施工时公司或技术工人均要求有相应的资格证书。

【注册商标】

在土耳其，先申请人享有对申请商标的注册权和独占使用权。但是在土耳其市场上已经使用并具有一定知名度的商标在先使用人，可以在商标注册之日起 6 个月内，或商标注册人开始使用其商标之日起 6 个月内，或最迟在该商标注册公告起 3 年内证明其在先使用权利。外国人基于多边条约、双边条约或对等原则可以享有和土耳其国民相同的权利，但外国人不能直接提交注册申请，必须委托居住在土耳其境内的代理人办理商标注册事宜。

土耳其商标注册主管部门为科技和工业部商标局。可以注册的商标有产品商标、服务商标、集体商标、证明商标。商标注册保护期限为自申请日起 10 年。

商标注册包括以下程序：

1. 向科技和工业部商标局提出申请并按要求提交资料。

2. 科技和工业部受理商标注册申请后进行形式审查。如果发现商标申请文件不完备或需要补充说明，商标注册审查官将给商标申请人不少于 3 个月的期限给予补正，补正可以申请延期一次，时限为 1 个月。答复官方意见的期限同商标申请文件补正期限。商标所有人如果希望对其申请商标的产品项目进行扩充，需要重新提交新申请。

3. 商标申请通过形式审查后，将进入实质审查。实质审查依据法律审查商标是否具有可注册性，商标文字和图形是否具有描述性和欺骗性。商标注册审查官还会对商标申请进行官方查询，以确认是否与在先商标注册权利冲突。商标审查官在审查中发现商标申请不符合相关法律规定，则驳回商标注册申请。科技和工业部不接受当事人之间的同意书或商标共存协议。如果商标申请人对科技和工业部的驳回决定不服，可以在收到驳回通知之日起 2 个月内到国务委员会书面起诉。该期限不可延期。

4. 商标注册申请经过商标注册审查官的审查并获得初步审定通过后，即在科技和工业部官方公告上刊登，刊登的内容包括：商标申请人名称的全称、商标申请人住所或注册地址、商标注册申请所涉及的产品或服务类别、指定的产品 / 服务项目。有关商标注册申请的裁定，如商标申请中指定的部分产品或服务的删减等也会刊登在官方公告上。商标注册申请核准注册后将再次在官方公告上公告。

5. 公告后 3 个月内没有异议，则可以授予商标持有证明，商标注册成立。土耳其商标法对异议没有规定。任何人在商标申请公告后 3 个月内可以提出异议。所有异议申请必须向法院提出。根据法律规定，商标必须注册才能取得法律保护，否则，商标所有人不能指控他人在相同的产品上使用与之相同的商标为侵权行为。商标注册赋予商标所有人商标独占使用权，以注册商标核定的产品或服务为限。商标注册人有权对商标侵权提起诉讼，有权对在后商标申请 / 注册提出异议或撤销申请。商标注册人也有权向法院申请停止侵权的禁令。商标注册人认为侵权人的行为触犯刑律，也有权提起刑事诉讼。

需提交的资料：

土耳其产品 / 服务商标注册申请所需资料包括：

1. 签字并盖章的授权委托书（无须公证或认证）；

2. 商标注册申请书；

3.20 件商标图样（介于 5 × 5 厘米—8 × 8 厘米之间）；

4. 商业活动证书，该证书应当指明申请人之行业及其所从事活动，由工业部、商会、申请人作为其成员的零售商和技工理事会、贸易登记局或税务局颁布（申请人名义必须与证书上的名义一致）；

5. 如果申请的商标已在其他国家获得注册，需提供在该国注册日期和注册号；

6. 优先权文件，如果主张优先权；

7. 注册费支付证明。

如果一切顺利，通常所需时间为 10 个月。商标可每 10 年续展一次，可在保护期满之前 6 个月内提出。宽展期为 6 个月。

注册商标如果自核准注册之日起的 5 年内不使用或不使用连续满 5 年，该商标注册可由法庭裁决撤销。

【工作许可制度】

根据土耳其《外国人工作许可法》(LAW ON THE WORK PERMIT FOR FOREIGNERS)的规定，外国人在土耳其工作必须取得工作许可。外国人申请工作许可，必须事前取得工作签证和居住许可，其主管部门是劳动和社会保障部(以下简称“劳保部”)。因土耳其国家利益或不可抗力，外国人可在取得工作许可前在土耳其工作，但不能超过1个月。工作许可分为有确定期限的工作许可和无确定期限的工作许可。

申请者可在土耳其境内或境外提出工作许可申请：在土耳其境外定居的外籍人士，须向其居住国家(地区)或其拥有国籍的国家(地区)的土耳其大使馆或领事馆递交申请；拥有土耳其合法居留权(有效期为至少6个月以上，因教育事宜而获得的居留权除外)的外籍人士可直接向土耳其劳保部递交申请。外国人申请工作许可时应提交劳动合同、委任书或声明公司合伙人身份的文件。自外国人向土耳其大使馆或领事馆提出申请之日起的十个工作日之内，土耳其当地的雇主必须在网上向劳保部提交申请表并亲自或通过邮寄方式递交所需的信息及文件。土耳其大使馆或领事馆及劳保部将在网上完成有关在国外申请工作许可证的程序。外国人向土耳其大使馆或领事馆提出申请之后，雇主必须在十个工作日之内向劳保部提交电子申请表并随后向该部门递交申请所需的文件。申请获得劳保部批准的外国人以及已向其签发工作许可证的外国人必须最迟在90天之内进入土耳其。

在土耳其申请工作许可证需要向签发机构提交如下资料：

1. 申请书；

2. 填写申请表；

3. 译成土耳其文并经公证的护照复印件；

4. 译成土耳其文并经公证的学历证书；

5. 如在土耳其提出申请，则需提供有效的当地居住证；

6. 个人简历。

有关信息可登录劳动和社会保障部劳动司网站（www.cgm.gov.tr）查询。土耳其总理府投资与促进局还专门推出了中文版网站（www.invest.gov.tr/zh-CN/Pages/Home.aspx），登录该网站可了解详细的有关工作许可的中文信息。

【能够给中国企业提供投资合作咨询的机构】

1. 中国驻土耳其大使馆经济商务参赞处

地址：Horasan Sokak No.8，06700 Gaziosmanpasa-Ankara/Turkey

电话：0090-312-4377107

传真：0090-312-4466762

电子邮箱：tr@mofcom.gov.cn

2. 中国驻伊斯坦布尔总领馆经济商务室

地　址：Ahi Çelebi Cad. Çoban Çeşme Sok. No:4, Tarabya, Sarıyer, İstanbul

电话：0090-212-2992631

传真：0090-212-2992632

电子邮箱：istanbul@mofcom.gov.cn

3. 土耳其中资企业商会

电话：0090-312-4911129/30

传真：0090-312-4911187

电子邮箱：zhongziqiyeshanghui@gmail.com

4. 土耳其驻中国大使馆

地址：北京市三里屯东五街九号

邮编：100600

电话：010-65321715

传真：010-65325480

电子邮箱：embassy@turkey.org.cn

5. 土耳其驻上海总领事馆

所辖领区：上海、浙江、江苏、安徽

地址：上海市淮海中路 1375 号启华大厦 13-B

邮编：200032

电话：021-64746838

传真：021-64719896

电子邮箱：turkcons.shanghai@mfa.gov.tr

6. 土耳其驻广州总领事馆

所辖领区：广东、广西、福建、海南

地址：广东省广州市天河区珠江新城临江大道 3 号发展中心

23A

邮编：510015

电话：020-37853093

传真：020-37853496

电子邮箱：consulate.guangzhou@mfa.gov.tr

7. 土耳其驻香港总领事馆

所辖领区：香港、澳门特别行政区

地址：香港铜锣湾告士打道 255-257 号信和广场 301 室

电话：00852-25721331

传真：00852-28931771

电子邮箱：turkcons@netvigator.com

【土耳其投资促进机构】

土耳其最主要的投资促进机构为土耳其投资促进局，直属于总理府，其主要职能是协调各部门，为外国投资者提供服务。

1. 土耳其投资促进局（总部）

地址：Kavaklidere Mahallesi Akay Caddesi No：5 Cankaya 06640

电话：0090-312-4138900

传真：0090-312-4138901

2. 土耳其投资促进局伊斯坦布尔分部

地址：Dunya Ticaret Merkezi A1 Blok Kat：8 No：296 Yesilkoy 34149

电话：0090-212-4656161

传真：0090-212-4657272

【中国商务部研究院海外投资咨询中心】

地址：北京市东城区安外东后巷28号

电话：010-64515042、64226273、64515043

传真：010-64212175

电子邮箱：kgjyb@126.com

网址：www.caitec.org.cn

二

到土耳其开展投资合作注意事项

【投资方面】

中国和土耳其有着悠久的交往历史，更有着广阔的合作前景。2015 年二十国集团（G20）安塔利亚峰会期间，中土两国政府代表签署了《关于将“一带一路”倡议和“中间走廊”倡议相衔接的谅解备忘录》，为双方开展相关合作提供了方向性指引。随着中土两国经贸关系不断升温，越来越多的中国企业意识到土耳其极其重要的地理位置和极具潜力的消费市场，选择赴土耳其投资。中国投资者应注意以下几点：

全面了解土耳其政策法律。

土耳其涉及投资管理的部门及法律众多，相关规定在《商法典》《外商直接投资法》《对外贸易法》《海关法》《进口产品不公平竞争预防法》《自由经济区法》《政府促进出口税收措施法》和《外资框架法令》等文件中都有体现。中国企业对土耳其投资时一定要充分了解土耳其投资法律及政策，咨询当地律师、税务师等专业人员。

印花税是目前实践中最常见的问题，该税在土耳其广泛适用于合同、协议、应付票据、资产捐献、信用证、担保书、财务报表和薪水录等，通常以文件和公文上陈述的金额（价值）为基数，按 0.15% 到 0.17% 不等的百分比收缴。据中国企业反映，在土耳其签订合同时，按照土耳其法律需缴纳的印花税金额要远大于在国内所缴纳的税费。因此，中国企业可与土耳其企业商定将合同签约地选择在中国，以节省开支。

及时办理工作许可。

工作许可申请难度大、办理周期长。许多中国企业反映，土耳其对中资机构人员的工作签证审批严格，甚至一些长期在土耳其居住的中资机构人员申请工作签证也很难获得批准。近年来，土耳其内政部、劳动部对在土耳其中资机构人员办理居留和工作许可趋严，且有申请人在等待 6 个月后被拒发工作许可的现象，使得许多中资机构常驻人员长期无法及时、合法取得居住及工作许可。工作签证难办导致的另一个后果是部分在土耳其的合法中国企业员工被控在当地非法务工，土方已数次将中国部分企业人员认定为非法务工，予以拘押并遣返，对中国企业在土耳其开展业务造成较大影响。因此，中国公司如有土方合作伙伴，建议在合同中提前明确要求土方负责处理此事，中方负担必要的费用。如无上述可能，建议通过当地机构代为办理，以节省时间及避免不必要的麻烦。

充分考虑汇率风险。

土耳其自2001年起放弃固定汇率政策，实行货币自由浮动汇率制，外汇可自由进出，股票及国债市场也对外资开放，汇率容易受政治经济等外部因素影响大幅波动，里拉的不确定性已成为影响土耳其外资、外贸的最主要因素之一。据土耳其央行数据显示，2015年全年，美元对里拉汇率上涨幅度超过25%。

全力做好市场调研。特别是市场准入调查，选好投资行业。

目前土耳其仍对部分行业的外国投资进行限制，包括广播、航空、海运、港务、渔业、会计和审计、金融业、石油、矿业、房地产业、电力、教育和私人雇佣业。投资限制的主要方式包括投资比例限制、禁止经营和发放特殊许可。根据土耳其《电台和电视广播和设立法》，外国投资比例不得超过25%；根据《渔业法》，外国人不能获得捕鱼许可，并禁止外国人在土耳其注册捕鱼船，除非船只的所有权主要为土耳其人拥有；此外，根据《航空法》和《海运法》，航空和海运许可证只能发放给主要决定权为土方的企业。

更多选择与当地企业合作。

上文提到，土耳其规定，本地设立的企业投标者相较外国企业投标者，可享受15%的价格优先权。因此，外国企业很难指染土耳其本地企业擅长的一些工程承包项目，比如工民建项目、公路桥梁项目。现已有中国企业开创了“投资+工程承包”的新模式，如中航国际成套设备有限公司和中电投集团上海电力股份有限公司与土耳其EMBA发电公司成立合资公司，中方控股53%，土方股份47%。中方参与4台660兆瓦超临界燃煤火电机组的建设和运营，总投资逾17亿美元。该项目是“一带一路”建设和产能合作背景下新的成功案例。

注意语言问题。

土耳其官方语言为土耳其语，英语在土耳其国内并不普及，中国企业赴土耳其开展投资合作时应充分考虑语言沟通问题，建议聘用专业的土耳其语翻译（当地有中国留学生可以胜任），避免因语言不通造成障碍。

【贸易方面】

中国企业与土耳其进行贸易时应该注意以下方面的问题：

1. 土耳其对中国产品采取多项贸易救济措施。

受双边贸易不平衡等因素影响，土耳其对中国产品采取了多项包括反倾销、保障措施和特保在内的贸易救济措施，对中国部分产品在土耳其出口造成了较大影响。

2013年，土耳其共对中国产品发起3起反倾销案件，分别为柴油机、电热水器和打火机；2014年，土耳其对中国产品发起近10起反倾销案件，分别为圆珠笔、聚酯合成长丝纱线等，1起保障措施调查，为进口手机。

2015年至今，土耳其共对中国发起的多起贸易救济案件，包括陶瓷餐具保障措施案、无缝钢管双反案等，仅次于美国，超过欧盟、印度、阿根廷及墨西哥等传统上对中国发起贸易救济案件较多的国家。2016 年以来，土耳其政府在贸易救济领域对中国出口产品动作明显增多。2016 年 7 月 14 日，土耳其经济部发布公告，称自即日起对产自中国的焊丝焊条发起反倾销期终复审调查，并对产自中国的部分钢丝绳产品继续征收 1 美元 / 公斤的反倾销税。

土耳其的反倾销法律制度基本参考欧盟，市场经济地位的判断也采用与欧盟相同的五条标准。尽管土方在双边场合中承诺将在个案基础上给予中国企业市场经济地位，但截至目前，虽经中国政府多次交涉，土耳其调查机关未给予任何中国应诉企业市场经济地位。土耳其仅根据产业甚至国家政策就拒绝给予中国具体企业市场经济地位。土耳其也很少给予中国应诉企业单独税率待遇。

土耳其反倾销调查程序不够透明，调查机关有些随意性。在部分案件中由于土耳其调查机关通知不及时或对应诉企业信息披露不充分，导致涉案企业无法及时、准确地获得信息。且土耳其调查部门在对国内损害进行裁决时，有时不加解释就直接得出对中国企业不利的结论。

2. 应根据土耳其商人资信情况，选择较为保险的收汇方式。

付款方式是贸易环节中最重要的一环，为收汇安全，可参考以下几种方式：①信用证。②预付 + 电汇。在土耳其商人不愿开立信用证的情况下，可考虑预付 + 电汇的方式，如：预付 10%，FOB 港口交运后通知对方电汇或预付 10%，FOB 港口交运时电汇付 40%，到货时电汇 50%。③预付 + 托收方式。如：预付 10%，其余采用银行托收方式，提单打空白提单（出口商可在国内保险公司投保收汇险以转移风险）；或预付 10%，其余采取银行托收方式，提单打空白提单。除现金外，有银行保兑的汇票和银行保兑的商业支票也是较安全的。土耳其商人以个人财产抵押的个人汇票最好不要收。

关于收空头支票问题。由于土耳其银行存款利率奇高，故土耳其商人一般都要求出口商放账。如用空头支票，要在支票到期后再支付，在支票到期时必须要求其付款，如不付，有 2 种方式：一是要求换一新支票，二是在不付情况下，要求在 10 天内将支票送到开支票的银行背书，凭银行背书支票可打赢官司。

3. 土耳其海关有几条比较重要的规定，出口商应格外注意。一是货物到港后，如未收到收货人的正式“拒绝收货通知”，海关不允许出口商将货物拉回或转运；二是货物放在海关 45 天后，海关将作无货主处理，有权拍卖该批货物；三是货物被拍卖时，原进口商为第一购买人。以往经贸往来中，曾多次出现信誉不佳的土耳其商人利用中国企业不了解该法规设陷行骗的情况。

除此之外，土耳其码头费用昂贵，滞期费用相当高。货物到港后，如原进口商拒收，货物转售提单时，提单必须有第一收货人的背书，如收货人不肯背书，只有通知银行退回提单到国内更改提单。

4. 注意合同和报关单的认证问题。

土耳其政府为减少进口商的低值报关、错报产品等偷税漏税现象，规定对自远东国家（包括中国）进口货物，在进口商向海关申报时，均要求销售合同和出口报关单经土耳其驻中国使馆或领馆认证。尤其是在信用证条款中有认证合同要求的，必须经认证。中国出口公司最好在出口前办好认证手续，以便出口商顺利结汇和进口商顺利清关。

【承包工程方面】

近年来，中国在土耳其承包工程数量增长较快，表现出较大的发展潜力。目前工程承包项目主要集中在水煤电站建设、钢厂设备供应、铁路建设、采矿等领域。中国企业在当地承包工程应注意的问题有以下几个方面：

1. 充分了解土耳其法律政策及当地市场情况。土耳其市场情况复杂多变，中国企业在承包工程时，需全面考察和了解工程项目所涉及的各因素和环节，特别是土耳其对外国人办理居住和工作准证要求，土耳其《标准法》《劳工法》《税法》等相关法律，并充分考虑货币的汇率风险，提前将各种不确定因素计入成本。此外，中国企业在跟踪土耳其项目时，应及时与中国驻土耳其使领馆经商参处保持沟通，听取其意见，避免因盲目参与而导致日后的被动。

2. 充分考虑中国工人的工作签证问题。如有可能，尽量在合同中明确规定由土耳其业主负责办理（详见投资注意事项部分）。另外，土耳其为保护其当地工程师，对国外工程师控制很严。在实践中，中方工程师常常无法以工程师名义赴土耳其工作，而多以管理人员或技工身份赴土耳其工作。企业在办理相关手续时需注意上述问题，严格按照土耳其法律法规，工作签证期满前申请延期或者出境，不要让飞签或者签证超期后交罚款成为常态的解决方法。

3. 密切注意项目建设过程中的工程进度衔接问题。根据中国企业在土耳其承包工程的实践，目前出现延期的工程项目，绝大多数是因土耳其承担部分进度太慢造成。如部分电厂项目因土方土建部分施工进度慢，导致中方设备到位却无法安装使用。还有部分项目中方所有人员设备均已到位，但土方负责的工地还未进行清理，无法及时交付。上述问题均影响了项目的顺利进行。因此，在签订合同时，最好明确双方的相关责任条款，并及时以书面形式记录相关问题，避免因对方的问题导致中方承担相关责任，在合作中也应注意协调双方的进度衔接。

【劳务合作方面】

土耳其失业率较高（2015 年土耳其失业率为 10.8%），就业情况不容乐观，因此，土耳其在控制外来劳务方面，做了许多限制性规定。目前中国企业并没有在土耳其开展大规模劳务合作。

三

其他应注意事项

【防范投资合作风险】

中国企业在土耳其开展投资、贸易、承包工程和劳务合作的过程中，要特别注意事前调查、分析、评估相关风险，事中做好风险规避和管理工作，切实保障自身利益。包括对项目或贸易客户及相关方的资信调查和评估，对项目所在地的政治风险和商业风险分析和规避，对项目本身实施的可行性分析等。相关企业应积极利用保险、担保、银行等保险金融机构和其他专业风险管理机构的相关业务保障自身利益。包括贸易、投资、承包工程和劳务类信用保险、财产保险、人身安全保险等，银行的保理业务和福费庭业务，各类担保业务（政府担保、商业担保、保函）等。

建议中国企业在土耳其开展对外投资合作过程中，使用中国政策性保险机构——中国出口信用保险公司提供的包括政治风险、商业风险在内的信用风险保障产品；也可使用中国进出口银行等政策性银行提供的商业担保服务。

如果在没有有效风险规避情况下发生了风险损失，也要根据损失情况尽快通过自身或相关手段追偿损失。通过信用保险机构承保的业务，则由信用保险机构定损核赔、补偿风险损失，相关机构协助信用保险机构追偿。

四

在土耳其建立和谐关系

【处理好与政府和议会的关系】

土耳其中央政府主要经济部门有：经济部（负责对外贸易、外资、经济合作事务等）、海关和贸易部（负责国内工业、国内贸易及海关事务）、劳动和社会保障部（负责就业、社会保障、批准外国人工作准证等）、交通部（负责铁路、公路、港口、航空、电信等）、能源和自然资源部、财政部（负责政府预算管理和执行等）、总理府国库署（负责外资政策制订、对外借贷等）、进出口银行、海关总署等。地方政府主要负责当地劳务及税收。大国民议会是最高立法机构。中国企业要在土耳其谋求长远发展，需要与土耳其中央政府各经济部门、地方政府和议会建立良好的关系，关注其选举情况，跟踪其政策走向，了解中央政府各经济部门和地方政府的职责和权限，了解议会各专业委员会审议的焦点和热点问题。

【妥善处理与工会的关系】

土耳其工会的主要职能是与雇主联合会讨论决定雇佣条件、解聘条件和工资水平等，以保护工人合法权益。与欧洲国家相比，该国工会力量较弱。中国企业应加入当地行业协会，保持与工会联系，了解雇员所思所想，以确保业务的顺利开展。

比如，位于伊斯坦布尔的中电光伏（CSUN）雇佣当地员工逾600人，成立工会并紧密联系本地员工，不仅增强了企业凝聚力、提高了生产力，而且提升了当地社会对中国企业的认知度、加深了员工对中国企业的归属感。

【密切与当地居民的联系】

土耳其人民对中国人普遍友好。中国企业在土耳其开展业务时，要与当地居民进行适度交往，尽量多雇用当地员工，多参加当地活动（特别是公益活动），尽量融入当地社会，以赢得当地老百姓的尊重和好感，并提高企业自身的知名度。

华为技术有限公司的本地化战略实施非常成功。该公司于2002正式在安卡拉注册分公司，经过几年的努力，截至2016年已发展成为一个拥有850多名员工（土耳其本地员工已经超过700名）的高科技通讯企业和土耳其通讯业界知名的设备及解决方案供应商。

【尊重当地风俗习惯】

中国是礼仪之邦。中国人在土耳其工作和生活，需要尊重当地风俗习惯。应注意的主要事项有：在清真寺旁的餐厅不能饮酒；在与女性尤其是系头巾女性交往时要注意礼貌；到当地人家中做客，进屋之前要脱鞋等。逢土耳其传统节日，如开斋节发送糖果、古尔邦节发送羊腿等。

【依法保护生态环境】

中国企业应遵守土耳其环境保护方面的法律法规，了解各行业的排放标准。在投资或承包工程的规划、设计阶段，须将环保问题作为重要考量，做好必要的财务预算和解决方案。

如，土耳其阿克萨拉依盐湖是土耳其天然湖泊，因气候及环境原因水位连年下降。中国天辰工程有限公司在当地承建盐湖地下天然气储库项目，事前严格评估，确保项目符合环保标准。承建过程中，用淡水将地下的盐溶解、抽出并过滤之后排入盐湖，整个变化为物理过程，不产生任何污染。2019 年，合同工期结束时，还可确保水位上涨 8 厘米左右。

【承担必要的社会责任】

中国企业在进入土耳其后，应在力所能及的范围内，承担社会责任，包括：积极参加各种公益、慈善活动；重视对员工合法权益的保障；注重对当地生态环境的保护；依法经营、依法纳税、促进当地经济的发展。

如，土耳其中资企业商会作为在土耳其的中资企业代表，在

2014年5月索马矿难之际，捐款1万美金用于灾后重建工作；另，中煤科工集团组织国内专家来土耳其，就安全生产及灾后救援向土耳其政府传授经验。

【懂得与媒体打交道】

土耳其是舆论自由国家，媒体在社会中影响力大。前些年，因中土贸易摩擦严重，当地媒体对中国的负面报道较多。近年来，随着中土高层往来的增多，两国关于积极开展经贸合作、妥善解决贸易摩擦的共识的建立，当地媒体对中国的态度有所转变。中国企业应及时做好应对媒体的预案，主动与当地媒体沟通，定期向其发布相关信息。特别是在开展重大并购项目、触及社会敏感问题时，应积极引导媒体对企业做客观公正的报道。

【学会和执法人员打交道】

土耳其是法治国家，法制健全性和执法规范性较高。针对法律体制、税务体制与国内存在差异的问题，中国企业在进入时，宜聘请当地资深或与政府关系良好的律师为顾问，以提供法律咨询，协调执法部门。进入后，要依法经营，广泛结交法律界朋友，理性应对执法检查。中国驻土耳其大使馆经商参处引导企业与当地律师事务所、会计师事务所建立长期合作关系，由其作为常年法律、税务顾问来处理一般的公司事务，同时由其起草和审阅合同文本，规避风险，已初见成效。

【传播中国传统文化】

中国传统文化是世界文化百花齐放大花园中的重要组成部分，随着中国企业走出的步伐，中资企业在土耳其开展投资合作过程中应注重弘扬中国传统文化。2013 年，在土耳其中资企业代表赞助中东科技大学孔子学院举办的“以文化互信促进中土贸易互通”的商务文化论坛，产生良好效果，充分展现了“走出去”企业自觉宣传传统文化的责任感。

五

求助渠道

【寻求法律保护】

在土耳其，企业不仅应依法注册、依法经营，还应通过法律手段捍卫权益，解决纠纷。最好长期聘请当地法律顾问，也可在出现纠纷时紧急寻求律师协助。在土耳其打官司费时长、耗资大，企业对此应有思想准备。

【寻求当地政府帮助】

中国企业在土耳其经营遇到困难和问题时，也可请当地政府主管部门协调解决。

【取得中国驻土使（领）馆保护】

中国企业在赴土耳其开展贸易、投资或工程承包业务之前，应及时与中国驻土耳其大使馆经济商务参赞处或中国驻伊斯坦布尔总领馆经济商务室沟通，了解注意事项，避免不必要的问题；在土耳其开展业务期间，应随时接受经参商处（室）的指导和协调；如遇重大纠纷，应如实向经商参处（室）反映，并寻求其协助。

中国驻土耳其大使馆经商参处邮箱：tr@mofcom.gov.cn

中国驻伊斯坦布尔总领馆经济商务室邮箱：istanbul@mofcom.gov.cn

【建立并启动应急预案】

中国企业在土耳其开展贸易、投资或工程承包业务之前，应充分做好各方面调研，制订针对各种突发事件的应急预案，尤其是应对恐怖袭击、交通事故、施工事故、劳资纠纷等突发事件的预案。在突发事件发生后，应迅速启动应急预案，及时加以解决。

【其他】

土耳其中资企业商会根据商务部要求，在驻土耳其使馆经商参处的推动下，于 2010 年 10 月正式成立。中国企业在土耳其遇到的一般性问题，也可向商会寻求帮助。

紧急求助方式：医疗：112；火警：110；匪警：155

本章要点

在《新商法典》框架下，从事经营活动的企业有以下三种形式，即独资公司 (Merchants)、合资公司（Commercial Partnership) 和合作组织 (Cooperatives)。

土耳其对在该国生活的外籍人士执行较为严格的工作准证管理规定。如果要在土耳其工作（作为雇员或个体经营者），首先必须获得工作许可,其主管部门是劳动和社会保障部（以下简称为“劳保部”）。

土耳其自 2001 年起放弃固定汇率政策，实行货币自由浮动汇率制，外汇可自由进出，股票及国债市场也对外资开放，汇率容易受政治经济等外部因素影响大幅波动，里拉的不确定性已成为影响土耳其外资、外贸的最主要因素之一。

土耳其官方语言为土耳其语，英语在土耳其国内并不普及，中国企业赴土耳其开展投资合作时应充分考虑语言沟通问题，建议聘用专业的土耳其语翻译（当地有中国留学生可以胜任），避免因语言不通造成障碍。

受双边贸易不平衡等因素影响，土耳其对中国产品采取了多项包括反倾销、保障措施和特保在内的贸易救济措施，对中国部分产品对土耳其出口造成了较大影响。

建议中国企业在土耳其开展对外投资合作过程中，使用中国政策性保险机构——中国出口信用保险公司提供的包括政治风险、商业风险在内的信用风险保障产品；也可使用中国进出口银行等政策性银行提供的商业担保服务。

TR

THE
REPUBLIC
OF TURKEY

第六章

土耳其旅游指南

06

一国看遍亚欧

独特的地理位置，宜人的气候条件使土耳其成为游人向往的乐园。形状各异的现代化建筑、华丽肃穆的清真寺唤礼塔、飞跃于博斯普鲁斯海峡之上的跨海大桥、《荷马史诗》中的特洛伊城遗址、世界奇景卡帕多西亚、观鸟胜地库什湖、秀美的亚洛瓦温泉……迷人的自然风光、丰富的文物古迹使土耳其享有“旅游天堂”之誉。

土耳其是一个横跨欧亚大陆的伊斯兰教国家，被称为“文明的摇篮”。历史上的土耳其曾经是罗马帝国、拜占庭帝国、奥斯曼帝国的中心，有着6500年悠久历史和前后十三个不同文明的历史遗产，加上三面环海的地势和内陆复杂的地理环境使其拥有了极为丰富的旅游资源。土耳其同时也是一个现代化国家，有着一流的旅游服务设施。这里有热情好客的人民、灿烂的文化、迷人的景色和神秘的传说。当你来到土耳其西、南海岸时，举目所见尽是散布着古希腊、罗马文明，甚至基督教文明的遗迹，值得探访的城市实在不少。

土耳其拥有丰富多变的地理环境。由东向西贯穿而行的话，你可以体会到它冬季的漫长酷冷，看到处处终年披银盖雪的山岳地带，高地上春季盛开的白桦。你也能体会到凉爽的长夏，看到条条河川潺潺而流。在干草原地带，则绵延连接着光秃秃的小丘和一望无际的小麦田。这麦田随着太阳的照射，时而呈现广阔无垠的紫光绒毯，时而发出灰色光芒，转眼之间又演变成暖色和金灰色，变化多姿。从北往南走，在连绵高山为屏的黑海海岸一带，温暖苍翠，盛产榛果、玉米和茶。沿着高山峡谷和海边弯弯曲曲的道路，在你眺望奔放如滔的黑海的同时，便进入高原地带。那里又另有一番景色，长满牧草的山坡、空旷的草原和无限的孔亚大平原。之后越过托洛斯山脉的叶树林带，渐渐接近地中海边，便可以观赏到月桂树、百里香等。

总的来说，土耳其是一个集合了亚欧两大洲风情的旅游大国，无论是向往自然的鬼斧神工，还是欣赏深邃的历史文化魅力，土耳其都是一个永远不会后悔的选择。

一

土耳其的旅游环境

【概述】

土耳其是一个横跨欧亚两洲的国家。北临黑海，南临地中海，西临爱琴海，独特的地理位置、迷人的自然风光、宜人的气候条件使土耳其成为游人向往的乐园。现在每年土耳其接待的国外游客超过 3 千万人次，这也使得土耳其成为了世界第六大旅游目的地国家。然而，自然景观并不是游客前往土耳其的唯一原因，这里丰富的文物古迹和历史沉淀则成为了土耳其“旅游天堂”的另一个重要组成部分。

截至 2017 年，土耳其有经联合国教科文组织审核被批准列入《世界遗产名录》的世界遗产共 17 项（包括文化遗产 15 项，文化与自然混合遗产 2 项），这里有世界上唯一的欧亚分界线、这里有浪漫美丽的爱琴海、这里有世界闻名的土耳其浴、这里还有美丽的肚皮舞把您带入心醉的风情……

此外，土耳其是拥有五星级酒店度假村数量最多的欧洲国家，包括美容养生的SPA、私人游艇和直升机的预订，以及丰富的海滩运动在内的各类高端的旅游服务。

在土耳其，历史与现代、亚洲与欧洲完美融合。伊斯坦布尔则成为了这种融合的完美代表。伊斯坦布尔是一座拥有2700年历史的古城。她背靠欧洲，面向古老的亚细亚，是世界上唯一一座横跨欧亚的城市。在这里东方与西方交汇，传统与现代融合。拿破仑曾说：如果世界是一个国家，那它的首都一定是伊斯坦布尔。

相比大多数的欧洲国家，土耳其的消费水平较低，这就赋予了土耳其旅游产品更高的价值。另外，伊斯坦布尔作为在全球范围内的购物、时尚、文化、艺术以及娱乐领域中最具吸引力的国际中心之一，从2011年开始每年都会举办大型的购物节。时尚、狂欢、购物与极具吸引力的折扣促销活动每年都能吸引上百万的游客。

作为一个成熟的旅游目的地国家，土耳其在大力发展旅游业的同时也在不断提升服务质量。这其中有一些是专门针对中国市场的，例如开设中文导游培训班等。另外，土耳其对中国公民开放电子签证，这是取代纸质签证的一种新型签证形式。它拥有众多的优势：互联网操作，简单便捷；办理时效快，只需数分钟即可；费用低廉，20美元；有效期长达180天，可停留30天；旅游或商业目的均可申请。

每年的春季和秋季是土耳其的最佳旅游时节，气候适宜，非常适合出行，而每年的5–10月是到爱琴海进行海水浴的最佳时节，这时爱琴海岸、地中海岸和伊斯坦布尔的气候宜人。7月下旬到9月，是土耳其东部旅游的最佳时节。

【穿衣指南】

土耳其各地气候差异很大。总的来说，春秋温度适中，穿单衣即可，晚上加件外套或薄毛衣。夏天炎热，薄衣类比较适合。要注意防晒，女生可备上一条围巾（进入清真寺需穿长裙/裤）。如果在春秋前往卡帕多奇亚（又想坐热气球的话），一定要带上挡风的衣服。

【土耳其必做的事】

在蓝色清真寺听礼拜

伊斯坦布尔的蓝色清真寺（Blue Mosque）正名为苏丹艾哈迈德清真寺，是伊斯坦布尔最重要的建筑之一，也是少有的拥有六座宣礼塔的清真寺。每当阳光照射在清真寺的伊兹尼克瓷砖上时，会发出耀眼的蓝色光芒，如果能抓住这一幕，你就抓住了伊斯坦布尔的精髓。

跨域亚欧两个大陆

临山近水的城市绝对有故事，而横跨两洲的伊斯坦布尔因有博斯普鲁斯海峡（Bosphorus）风光更显大气。可以参加6小时的海峡游，坐快艇看两岸风光。一天之中，可以多次穿梭在亚洲、欧洲两块大陆。

在全球最大的巴扎里迷路

伊斯坦布尔的大巴扎是世界上最大的集市之一，有超过 4400 家的商铺，逛上 3 个小时都不够！逛累了就停下来休息，喝上一杯土耳其红茶，享受惬意的休闲时光。有心人可以买下红茶的杯子——那代表性的郁金香形状的玻璃杯，也是不错的纪念品哦！

坐热气球看《星球大战》

卡帕多西亚（Cappadocia）并不是一个城市，而是一个区域，这里最吸引人的无疑是这三样——巧夺天工的山洞石屋、凄凉壮丽的喀斯特地貌、精彩刺激的热气球之旅。这里曾是《星球大战》的拍摄场地，如果你是“星战迷”，喀斯特地貌会带给你置身于电影场景般的感受。

棉花堡里泡温泉

棉花堡又是一处奇特的地貌景观，由石灰华构成的白色、银色阶梯，从远处看构成了如同棉花一样每秒的堡垒。

住一住“老房子”

由于靠海，安塔利亚冬季温和夏季炎热，因此房子多以避暑为主。悬岩和庭院的设计有助空气流通。安塔利亚的房屋可按主厅（储存区）的设计构造分为三类，即I形主厅、L形主厅和U形主厅。房屋的设计以满足日常生活需要为首要目的，同时还讲究与自然及环境的融合。这里多是居民区，如果可能，不妨选择老房子改造而成的酒店入住，可以更近距离地观察这些建筑。

不可错过的世界遗产

土耳其有17处世界遗产，实际上有将近2700处历史遗址和超过4万多个文物发现，可谓有着相当丰富的自然资源与文化遗产。从黑海到地中海、爱琴海，从最西边的特洛伊到最东边的阿尼古城，遍地是美景等待你发现。

【礼节】

摆手打招呼是最通常的见面问候礼节，用你的食指或脚尖指向任何人都是失礼的行为。当众擤鼻涕也被认为是一种非常粗鲁的表现。此外，男女情侣们在公共场合不要表现得过于亲昵和做出有伤风化的举动。

游客们在土耳其穿戴随意，但泳装仅限于在海滩或游泳池时穿着。在一般的场合吸烟不被限制，但禁止在电影院、剧院、公交车和合租的出租车上吸烟。

土耳其表示赞同时是向前点头，表示不赞同时则向后“点头”同时向上蹙眉，或眉毛上扬。有时土耳其人还说“tsk”来表示“不”。与此相对照的是如果你左右摆头则表示“我不明白”。将手上举至头则表示“谢谢”。在表达感谢时有时还配合轻微地点一下头。

在大城市，是允许游客拍照的。但在更多的乡下区域，拍照前需要询问被拍照人，得到允许后才可以。特别是被拍照的对象是戴头巾的女士的时候。

【风俗禁忌】

土耳其是伊斯兰国家，作息时间与西方无异。除进入清真寺须脱鞋及肃静外，国内宗教气氛相对宽松，尤其是伊斯坦布尔这样的国际都市。

土耳其人好客，亦礼貌周到，小礼物颇能增进初识朋友间的友谊。土耳其男人对来自中国的女游客似乎格外热情，会主动提出帮助，但独行女士也要注意自身安全。

土耳其英文并不普遍，除观光旅馆、饭店或商店外，洽商公务最好有土文翻译。土耳其人极崇敬其国父凯末尔将军，不论公司、政府机关，均悬挂凯末尔的照片。

【土耳其特色美食】

一个社会的饮食文化与其社会生活方式是紧密相连的。安纳托利亚几千年的灿烂历史和文化以及其独特的地理位置造就了土耳其菜系。

土耳其人信仰的宗教是伊斯兰教，由于宗教的原因，土耳其菜系中猪肉是被禁止的。

土耳其菜系主要分为 3 种，日常菜肴、招待菜肴和节日菜肴。根据各个地区的不同习俗、经济状况，不断丰富菜品。一般来说，国家的菜品只是发源于一种菜系，或者菜品也相对单一，但是土耳其的菜品则集合了各种菜系的丰富和精华，堪称是汇集世界饮食特色的菜系。

土耳其餐中，大多数的菜色都很好地结合了食物与其营养成分。著名的土耳其烤肉通常配以蔬菜和土耳其面包或者米饭和酸奶以食用。酸奶是土耳其菜最常用的一种原料，其丰富的营养价值也造就了土耳其菜系能融入世界菜系，深受欢迎。

土耳其的甜点多数是以面粉作为基料的，而且配以坚果和糖浆。

以下是土耳其不可错过的美食。

1. 土耳其散蛋版（Menemen）

土耳其散蛋版是传统的土耳其早餐，打散的鸡蛋与各类蔬菜混合后煮成的蘸料，配上香酥的面包。

2. 土耳其肉丸（Kfte）

这是一道用牛肉或羊肉做成的土耳其传统主食，常常做成球状或饼状。它既可以搭配三明治，也可以搭配沙拉，还可以搭配咸香的土耳其酸奶。

3. 土耳其饺子（Mant）

土耳其饺子乍一看和馄饨差不多，但风味和口感却更加独特，多为辣的牛肉馅或羊肉馅，煮过或炸过后配上土耳其咸香的酸奶或黄油。

4. 土耳其烤羊（Kuzu Tandr）

这道土耳其美食享誉世界，最传统的做法就是慢火烤全羊，常常搭配米饭或土豆，还有土耳其酸奶。

5. 土耳其烤饼（Lahmacun）

传统的土耳其烤饼底部又脆又薄，上面铺满了肉末和沙拉，最后再淋上爽口的柠檬汁。对旅行者来说，这就是一份最棒的简单的午餐，你在任何一个街角都能找到它。

6. 土耳其薄饼（Brek）

土耳其薄饼的口味繁多，其中最受欢迎的是肉末馅、菠菜馅和奶酪馅的薄饼。你可以卷着吃，或像意大利宽面条一样叠着吃，土耳其人常把它当早、中、晚餐或零食。

7. 土耳其果仁密饼（Baklava）

土耳其的果仁糖浆油酥点心风靡全球，甜而不腻，风味独特，表面洒满了开心果粉，刚刚出炉时更加美味！

8. 土耳其比萨（Pide）

土耳其比萨通常是用船型的面饼做成的，口味丰富，其中肉末、菠菜和奶酪混合的口味最为常见。

9. 土耳其甜点（Gülla）

这是土耳其斋月期间的传统甜点，把面包与牛奶放在玫瑰水中蒸，再配上石榴子和核桃。

10. 土耳其果蔬小点（Meze）

这是土耳其最常见开胃菜，选择多达 20 种。

11. 土耳其菜叶包（Dolma）

这道菜在土耳其非常受欢迎，在蒸荷叶里塞满了胡椒、小胡瓜和茄子，十分美味。

12. 土耳其软糖（Lokum）

土耳其软糖口味丰富，散装的软糖更好吃，因为包装好的软糖内馅可能不够丰富，而且糖霜过多。

13. 土耳其烤肉串（Kebap）

烤肉串起源于土耳其，传统的做法是把羊肉、鸡肉或鱼肉串在木签或铁棒上烤，香味扑鼻、肉汁丰富，可以和面包一起吃，还可以蘸着土耳其酸奶吃。

14. 土耳其肉汁饭（Pilav）

土耳其肉汁饭配上咸香的酸奶，简单却美味。

15. 土耳其甜品（KaysTatls）

这是一道具有代表性的土耳其甜点，杏子里塞满了奶油和坚果，一口就能吃掉一个，好吃得根本停不下来。

16. 土耳其沙拉（Baklal Enginar）

剥了皮的洋蓟抹上油和柠檬汁后，和豆子及新鲜的荷兰芹一起食用，在炎热的夏天，是一道能解暑的佳肴。

17. 土耳其点心（Su Brei）

这种点心既像酥皮点心又像宽面条，在加了牛奶和鸡蛋的柔软的面团中间塞满了奶酪和菠菜。

18. 土耳其蛋糕（Mozaik Pasta）

这是用巧克力酱和饼干屑做成的巧克力蛋糕，不仅造型精美，味道也不错。你可以在任何一个咖啡店里找到这种蛋糕。土耳其的妈妈们常常在家里做这种蛋糕，因为它制作的过程很简单，无须用到烤箱。

19. 土耳其开胃肉丸（Mercimek Kftesi）

这道菜是混有小扁豆、小麦和蔬菜末的肉丸，是土耳其很常见的一道开胃菜。

20. 土耳其旋转烤肉三明治（Dner）

烤得香脆的面包里夹上风味独特的烤鸡肉、羊肉或牛肉和新鲜的蔬菜，配上辣味的蒜香酸奶，十分美味。

21. 土耳其烤茄子（mamBayld）

茄子里放入米饭、小麦、肉馅、蔬菜后，抹上黄油，在炉顶烤着吃。

22. 伊斯坎德烤肉（skender Kebab）

伊斯坎德烤肉是土耳其烤肉店里的人气美食，烤好的羊肉切成条状后配上番茄酱，和米饭或圆面包、酸奶一起食用。

23. 土耳其甜点（Künefe）

这种甜点制作起来难度很大，在香脆的奶酪烤面团上洒上开心果粉，是狂欢夜里常见的甜品之一。

24. 土耳其卷饼（Dürüm）

土耳其卷饼里通常包着鸡肉、羊肉或牛肉，是土耳其最受欢迎的外带食物。

25. 土耳其鱼肉三明治（Balk Ekmek）

土耳其的码头边总是有很多餐馆，你可以坐在海边享用新鲜的鱼肉三明治，走过路过千万不要错过！

26. 兰茎粉（Salep）

到了土耳其要是没有喝到兰茎粉泡的饮料，你的旅行注定是不完整的。冬天里喝上一杯用兰花做成的饮品，上面撒上一些肉桂，暖身又暖心。出口纯兰茎粉是非法的，因为兰花的供应量不多，你只能在土耳其的边境买到它。

27. 土耳其咖啡（Turkish Coffee）

土耳其咖啡香醇可口，后味有些苦涩，和甜甜的土耳其果仁密饼或蛋糕是一对完美的搭档。

【土耳其特色购物】

伊斯坦布尔篇

如果你只是单纯想为朋友们挑选一两件纪念品，那不妨将旅途的最终站安排在伊斯坦布尔，这里可谓是土耳其的购物天堂，不仅有大巴扎可以买到各种各样的手工艺品，也有不少大型商场，买到一些高档时尚的新潮设计品。比较有纪念意义的有——地毯、“蓝眼睛”、香料、红茶、民族服饰（如肚皮舞服装）。

除了大巴扎，埃及市场也很有名气。

埃及市场（Egypt Market）也被当地人叫作香料市场（Spice Bazaar），在这里可以买到土耳其最传统的香料和食品。在土耳其语中香料被称作“Baharat”，至今欧洲不少国家还保留这个名字。埃及市场中，连中国厨房里不可或缺的花椒、大料、茴香、孜然等都可以找到。除此之外还有粒大饱满的开心果、花生等坚果、香气扑鼻的烤榛子等等。很多热情的店主会从大袋子里铲出一堆让游人免费品尝。在香料市场购买干果，价格也比商场要便宜一些。

伊兹密尔篇

喜欢古玩的你可以在肯梅拉尔特市场大街上发现属于你自己的珍宝，当然也可以寻觅到喜欢的服装，吃货朋友们还可以在这里找到伊兹密尔的有名特产——无花果与葡萄干。另外，要是想找离潮流比较近的商店，就到阿尔珊查克地区的克尔顿大街（Kordon Promenades），或者卡尔希雅大街（Karsiyaka）和楚姆夫利耶特大街（Cumhuriyet Avenue）。

【货币】

在海滨度假区和大城市可以使用外币。如果你打算去一些小城市最好还是换成土耳其里拉。目前里拉的币值分别为:1、5、10、20、50、100新里拉，最新汇率为：1美元=3.495土耳其新里拉（2017年9月23日汇率）。随身携带的信用卡或者银联卡也可以在当地的ATM自动取款机提款，在机场一般都可以找得到此类提款机。

在酒店，餐厅和商店一般也都可以使用信用卡。在银行或者私营的货币兑换办公室可以兑换率旅行支票和外币，汇率按照当时的汇率计算。

【小费】

土耳其有增值税，在账单上显示的一般是“完税价”（KDV），即增值税和服务费都包括在内了。在很多消费场所都写有“Fiyatlarimizda KDV Dahildir”（税费已经包括在价格内）的标示牌。

如果需要，可以将完税价在账单上单独列出。如果你同意不要正式收据，一些酒店和商店还可提供折扣价。

理论上来说，如果游客购买了大件的商品，诸如地毯、皮衣等，可以要求给予“完税价”或退税。但因为并非所有的商店都参与了该“完税价”活动，所以在你购买后要与商家询问是否可以得到“完税价”退税收据。持有该退税收据可以在离开土耳其时在国际机场或任何一个出境海关的银行返还给您税费的现金。

在餐厅消费，小费一般是消费额的 10%，在高档的餐厅和酒店通常在账单上自动加上 10%–15% 的服务费。在便宜的旅馆或便宜的当地风格小饭馆内不需要给小费。给酒店行李搬运工的小费标准一般相当于房费的 2%。在土耳其大浴室（hamams）洗土耳其浴时需要为座位给一点小费。

【银行】

一般货币兑换亭（bureaux）的营业时间都是 9:00–19:00，机场的兑换亭 24 小时开放，可兑换美元、欧元，且不同兑换亭汇率差异不大。兑换现金需要出示护照。

ATM 在伊斯坦布尔很常见，基本上都可以提供英语、法语和德语等多语种服务，Visa 和万事达卡均可使用，每家银行的规定不同，但平均来说，每天从 ATM 取现的最高额度是 600 里拉（VISA 卡）和 800 里拉（万事达卡）。

【电话】

土耳其电讯行业基本被 Turkcell，Vodafone 等几家大公司垄断，资费较高。以 Turkcell 普通电话卡为例，拨打至中国的国际长途每分钟约 5 里拉，折合人民币 22 元。

【网络】

中国手机可在土耳其使用，但携带外国手机入境一个月之内必须到当地通讯服务商处注册入网。

很多大型购物商场、小的商户和大部分酒店都有无线网络，在游客集中的地区也有很多网吧，因此上网不成问题。

【海关申报】

对携带入境物品限制：香烟不超过 200 支，雪茄不超过 50 支，烟草不超过 200 克；烈酒不超过 700 毫升；香水不超过 5 瓶；价值不超过 265.65 欧元的礼品。

对携带出境物品限制：枪支及其他武器装备；药品；肉和奶制品；放射性物质。

【使领馆】

中国驻土耳其大使馆（安卡拉）

地址：Gölgeli Sokak No.34, Gaziosmanpaşa, 06700 Ankara, Turkey

网址：http：//tr.china-embassy.org/chn

联系方式：0090-312-4360628；传真：0090-312-4464348；邮箱：chinaemb_tr@mfa.gov.cn

办公时间：（周一周五）9:00-12:00，15:00-17:30

领事签证开放时间：周一、周二、周五，9:30-12:00

中国驻伊斯坦布尔领事馆

地　址：Tarabya Mahallesi, Ahi Çelebi Cad.Çoban Çeşme Sokak No.4, Sariyer, Istanbul, TURKEY

网址：Http：//istanbul.chineseconsulate.org/chn/

办公时间：周一至周五，9:00-13:00，15:00-17:00

签证：周一、三、五，9:00-13:00（申请证件时间），15:00-17:00（领证时间）

联系方式：0090-212-2992188；传真：0090-212-2992633；邮件：Chinaconsul_ist_tr@mfa.gov.cn

自2012年9月起，申请办理土耳其旅游签证需要特别注意准备的材料和准备的时间，基本上已经与申请欧洲签证一致。

【其他小贴士】

1. 土耳其货币称土耳其里拉（TL），建议您在银行或饭店里兑换，因为那里提供发票，以便您结束旅游后，将不需要的里拉兑换成外币时作为凭证。

2. 土耳其的电压和频率是220V，50HZ，如使用美国或日本电器请将电压转化到110V。土耳其的电源插座均为圆孔插座，如需使用电源，请携带转向插座。

3. 土耳其全年气候温暖适宜，春夏季通常穿裤子，短裤和 T 恤等，另外还需要一双步行鞋和毛衫以防傍晚的夜凉。

4. 到了土耳其当然要洗一把土耳其浴，伊斯坦布尔市内有多处历史悠久的浴场，颇受游客好评的有靠近大集市的 CEMBERLITAS 小广场上的同名浴室，这里的收费及洗头、擦身、按摩等服务都比较规范，不乱收小费。

5. 一流饭店及餐厅的账单已加算 15% 的服务费，但习惯上仍支付 5%–10% 小费；给机场饭店搬运行李的小费每件约 100 万里拉；旅馆房间服务员每天给 100 万 –200 万里拉小费；出租车司机可不给小费。

6. 进入清真寺必须脱鞋，不要从做礼拜的人面前走过。

7. 土耳其的小餐厅既实惠又干净。这里以烤肉（牛羊鱼鸡）为主，鱼的价格最贵，鸡的价格最便宜。

8. 土耳其各种档次的宾馆饭店都不备拖鞋、牙膏、牙刷等个人卫生用品。

9. 土耳其国内交通便捷，以公路交通为主，每个城市都有一个长途汽车站，前往各地的大巴车一般每半小时发车一次。

10. 大多数博物馆、清真寺等都可以照相，但需要另交拍照费用，注意对古迹拍照不能使用闪光灯。

二

土耳其旅游项目

【四季漂流】

土耳其的山地地形特别适合漂流。该国河流众多，为各季节提供了良好的水资源。土耳其漂流在来自法国、英国、以色列、新西兰、俄罗斯、瑞典和美国的漂流爱好者之间广受欢迎。

距伊斯坦布尔不远处的玫兰河汛期在冬季，而位于其他地方的库普鲁恰、达拉曼、桥路河则春夏季水流丰富。

根据难易危险程度可将漂流河流分成六级：第一级最容易，流缓速慢浪小，无障碍；第六级最难，几乎无法通行，对漂流者有生命危险。

土耳其的河流可满足各级难易程度的漂流。较简单的路线在达拉曼、库普鲁恰、科紫玛克，属于第一级，很适合老少初级漂流者以及渴望脱离导游漂流的人士。达拉曼、藏玛蒂河也有二级和三级漂流。位于土耳其东部山脉的幼发拉底河和桥路河则可满足令人兴奋的四级至六级漂流。

【蓝色之旅】

从切什梅（爱琴海岸）到安塔利亚（地中海）的“蓝色航行”是很受欢迎的海上游览路线。

快艇由伊兹密尔、切什米、西格塞克、库莎达瑟、博德鲁姆、达特叉、马尔马拉斯、格塞克、斐提耶、喀勒坎、喀什、凯麦尔和安塔利亚出发。在土耳其，“蓝色航行”有许多旅行公司管理负责，可将游客组成 8—12 人的团体予以安排。适于出海航行的季节为每年的 4 月至 10 月。

此条线路上有着土耳其最为秀丽的自然景观。清澈的海水轻拍着迷人的海岸，橄榄树林、悬崖绝壁、苍松翠柏掩映着宽阔的沙滩。无论您是喜欢田园牧歌般的渔港、广受欢迎的旅游度假村，还是长逾五千年的历史、文化和神话的遗迹，这里都能满足您的要求。

【滑雪】

土耳其位于阿尔卑斯山——喜马拉雅山脉地带，平均高度 1130 米（3700 英尺），使土耳其的高山地区十分适合冬季运动。近几年来，土耳其的滑雪坡不仅受到当地人的欢迎，也吸了不少外国人。从西部的伊斯坦布尔到东部的卡尔斯（Kars），滑雪中心都人群熙攘。

土耳其最有名的滑雪中心是布尔萨附近的乌鲁达山（Uludag），从伊斯坦布尔乘飞机出发仅需半个小时，或者乘车两个半小时。你可以从布尔萨坐缆车到达乌鲁山国家公园的滑雪坡，也可以开车前往。这里宽敞的滑雪道适宜各种滑雪者，还有 20 公里长的北欧越野滑雪道。

卡尔塔卡亚（Kartalkaya）滑雪中心也是土耳其最受欢迎的滑雪中心。滑雪季从 11 月一直到来年 4 月。同时，还因为这里出了很多土耳其菜大厨而闻名，你来这的时候一定要尝尝著名的奥斯曼土耳其菜肴。

土耳其东部的另一个滑雪胜地就是位于艾尔祖茹姆（Erzurum）郊外的阿朗多肯（Alandoken）滑雪中心。从伊斯坦布尔坐飞机两个半小时后到达。因为它的海拔很高（3150 米）、降雪量大和极低的温度，使这里拥有土耳其最好的雪质。滑雪者乘车达到顶端，可以从垂直高度 900 米、25 公里长的滑雪坡上滑下，他们还可以自主选择冒险路径。大部分的国际滑雪比赛都是在这里举办。

从安卡拉向北开车 250 公里进入卡斯拉茂努（Kasramonu）省的自然美景，来到伊葛兹（llgaz）滑雪中心。它的海拔 2000 米（6600 英尺）高的环行滑道有适当的垂直高度 180 米（590 英尺），使它适合高山式和北欧式等各种等级的滑雪运动，并同时受到初学者的欢迎。这里 1、2 月时最适宜滑雪。

萨瑞卡密斯（Sarikamis）滑雪中心是位于土耳其东部的滑雪胜地之一。从伊斯坦布尔或者安卡拉坐飞机到埃尔祖鲁姆（Erzurum）

或者卡尔斯（Kars），或者开车经过雪山都能到达海拔 2120 米（7000 英尺）的萨瑞卡密斯（Sarikamis）。这里干燥寒冷的冬季空气使雪质十分理想。萨瑞卡密斯（Sarikamis）拥有土耳其最现代的空中缆车，还有最资深的滑雪教师和竞赛教练，这里还有全新的五星级宾馆设施。

想要在同一天同一地点滑雪和游泳吗？你可以在距离安塔利亚 50 公里的萨克利肯特（Saklikent）滑雪中心做到。从 1 月到 3 月，这里的积雪达到 50 至 100 米（164–328 英尺）厚，同时 3 月时节安塔利亚大部分海岸的海水又已经足够温暖可以游泳。这里还有长达 10 个月的晴朗天气，滑雪设施齐全，因此吸引了众多外国游客。

【插着“蓝旗”标志的土耳其沙滩】

土耳其是继西班牙、希腊和法国之后的第四大蓝旗认证国，主要集中在安塔利亚、梅尔辛、穆拉、艾登、伊兹密尔、伊斯坦布尔等 9 个主要地区。

安塔利亚作为土耳其境内拥有最多“蓝旗”标志的海滩和港口，数量达到 174 处，其中包括位于 Kas 和 Kalkan 的世界最著名的长达 18 公里的 Patara 海滩，正是因此这处海滩周边的房产也成为了大量的国内外投资人的首选之一。

“蓝旗”的概念最初由法国政府提出，用于鼓励各国海滨城市做好海洋环保工作。1987 年欧洲环境教育基金会将滨海旅游开发规划、环境保护等标准纳入蓝旗标准范围，将这一海洋旅游的最高荣誉授予那些对自然环境保护极为重视的商业化运营的沙滩和港湾码头。如今，“蓝旗”标准已经被推广到了全球，共有 3450 个海滩和港湾获得了“蓝旗”的标志。

当然蓝旗海滩的荣誉也并非终身拥有，蓝旗海滩的标准，目前包括 4 个大项、27 个小项，除环保要求外，还要求海滩要具备基本的娱乐、服务设施，如洗手间、救生设备、运动设施、残疾人士专用设施等。

三

土耳其著名旅游景点

【地下水宫殿】

地下水宫殿位于现今土耳其伊斯坦布尔（旧称君士坦丁堡）苏丹哈美特区，圣索菲亚大教堂南边，古老的地下水宫殿由拜占庭查士丁尼大帝于公元 527–565 年统治时期所建，作为当时君士坦丁堡日常饮用水的来源之一。

当年这个水宫的修建目的很简单，就是为了安全供水。这个奇特的供水方式解决了当城市周围出现用水问题，比如敌人们通过在饮用水中下毒攻击君士坦丁堡这样的顾虑。整个城市内修建了高高的水槽墙，并用这个地下水宫蓄水。据说，1453 年，奥斯曼攻陷了君士坦丁堡，但没人知道这个隐蔽的地下水宫，竟有幸存者一直藏匿其中。更有意思的是这个地下水宫的发现原因。当年，奥斯曼帝国请来的法国建筑师 Pierre Gilles 无意中发现，不少当地居民从地下一桶桶运水上来，有的还会捉到几条鱼。顺藤摸瓜，找到了这座隐秘地下的神奇宫殿。据说在 1980 年土耳其政府的修复工作中，足足有 20 吨的泥巴从水宫内清除，终于还它以辉煌的面目。

政府在地下水宫中修建了一条游客栈道，在黑暗中引领着人们去探索未知的世界。沿路你会发现，储水池的柱子并不相同，形式各样、图案各异，原来，水宫的建造者从拜占庭帝国的一座座古寺庙中将整个柱子取来，顶起了这项建筑的脊梁。

其中，有两根柱子常常被人群包围，它们就是鼎鼎大名的“美杜莎头像之柱”和“眼泪之柱”。“美杜莎头像之柱”是古代土耳其艺术雕塑的完美典范。而“眼泪之柱”，传说会带给人们好运，只要将拇指伸入洞中画一个圆圈，就能实现愿望。石柱下的水池中，更被人们当作许愿池，堆满了硬币。

除了壮观的宫殿内部，水宫殿里还有一样东西吸引了大批游客前往，那就是被压在柱子底部的美杜莎（Medusa）。美杜莎是希腊神话中戈尔贡（Gorgon）三姐妹之一，她的头发不是头发而是蛇，传说中只要看到美杜莎的眼睛就会变成石头。在地下水宫殿的西北方有两个来源不明的美杜莎头像，但奇怪的是，它们皆被倒放压在石柱底下，形成一道迥异的风景。

地下水宫的水引自 20 公里外的黑海，而贝亚济区及法堤区 Fatih 交界处的罗马水道桥，是当时最重要的引水道之一，现在在宫殿内还可见鱼群洄游，让人不得不佩服罗马引水灌溉设施的坚固耐用。

更令人惊讶的，地下水宫的水直到如今仍被人们饮用。据说，周边一家小旅馆就在享受这个殊荣。在游览接近尾声的时候，游客会来到一个摆放着桌子、椅子、蜡烛和菜单的小吃店，不少人会在这个独一无二的地方享受一杯地道土耳其咖啡或者茶。

【圣索菲亚大教堂】

圣索菲亚大教堂位于现今土耳其伊斯坦布尔，有近一千五百年的历史，是拜占庭式建筑的代表作，创造了以帆拱上的穹顶为中心的复杂拱券结构平衡体系。是世界上唯一由神庙改建为教堂、并由教堂改为清真寺的圣索菲大清真寺。圣索菲亚大教堂是330年时由君士坦丁大帝修建的，6世纪时查士丁尼大帝把教堂改建成现在的模样。奥斯曼帝国时期，圣索菲亚教堂改建为清真寺，周围矗起四座高塔。17世纪时，仿效公元前腓尼基人昂蒂帕特提出的“七大奇迹”的说法，提出现代世界“七大奇迹”，圣索菲亚教堂就是其中之一。

【蓝色清真寺】

蓝色清真寺原名苏丹艾哈迈德清真寺，土耳其著名清真寺之一，17世纪初由伊斯兰世界著名古典建筑师锡南的得意门生 Mehmet Aga 设计建造，因清真寺内墙壁全部用蓝、白两色的依兹尼克瓷砖装饰故名，是伊斯坦布尔最重要的标志性建筑之一。

蓝色清真寺属阿拉伯风格的圆顶建筑，周围有六根尖塔，象征伊斯兰教六大信仰。建造蓝色清真寺未使用一根铁钉，建筑结构严谨，外观造型独特，400 年间历经数次大地震安然无恙。清真寺的 260 个小窗、2 万多块蓝色瓷砖、数百块地毯和众多阿拉伯书法艺术作品是该寺的重要看点。

蓝色清真寺最原始的特征在于它那透光性能极强的 260 扇窗户。时间的推移，后人对原来色彩丰富的窗户进行了修缮，这么一来，室内的透光性得到了增强，但有人认为却失去了原来的神秘感。

【以弗所古城】

以弗所古城可以说是土耳其最著名的古代遗址。这座位于爱琴海边的古希腊罗马时代的古城，常常被西方人拿来与庞贝古城相提并论，但其实，无论在城市规模，还是在历史厚度方面，庞贝都难以望其项背。

关于以弗所古城的建立，有这样一个传说：公元前 10 世纪，多利安人入侵雅典，迫使雅典爱奥尼亚王子安德罗克勒斯寻求一个更加安全的住所，于是这位王子去询问先知德尔菲。先知预言说："鱼、火和野猪将会带领你建立一座新的爱奥尼亚之城。"

于是，安德罗克勒斯带着他的船员们穿越爱琴海，来到安纳托利亚。王子在海滩歇息的时候，海员们在一旁捕鱼熬汤，可是捕上来的鱼不肯乖乖地待在锅里，它们跳来跳去，掀翻了锅，压塌了煤堆。坍塌的煤堆引起了大火，点燃了附近的森林，浓烟之下，森林中跑出一头野猪。安德罗克勒斯看到眼前的景象，想起了先知的预言，于是决定就在这个地方建立以弗所城。

以弗所在公元前334年被亚历山大大帝纳入希腊帝国的版图。亚历山大大帝去世后，这座城市陷入了一段抵御外侵的混战时期，直到公元前133年，它归并罗马王朝，乱世才得以终结。

以弗所古城阿尔忒弥斯神庙曾经是世界最辉煌的建筑，被称为世界七大奇迹之一，其建筑规模与精致程度让希腊的阿西娜神殿也黯然失色。可是一千多年来，这个神庙几次被洪水和战争摧毁，又几次被重建，直到最后被彻底摧毁。阿尔忒弥斯神庙原本有127根柱子，现在只剩下一根复制的柱子，当时的辉煌和壮观已经烟消云散。

以弗所遗址中最夺目的当属塞尔苏斯图书馆，位于库瑞忒斯大道末端，它原本是罗马亚细亚行省著名省长尤利乌斯·塞尔苏斯的陵墓。省长的儿子安奎拉·塞尔苏斯继任后，为纪念父亲，在陵墓上修建了这座华美的图书馆。公元270年，图书馆在大地震中被摧毁，我们现在所见的图书馆立面是仿照原样重建的，原本有8座塑像分上下两层排列，如今上层塑像已不复存在，下层4座女神像分别代表善良、思想、知识与智慧。

塞尔苏斯图书馆的藏书在最鼎盛时达到1.2万卷，规模仅次于贝加蒙图书馆，是拜占庭时代世界三大图书馆之一。虽然只是一个正立面的局部建筑，但它恢宏的气势、精湛的艺术以及强烈的美感仍然让人窒息，它也因此成为土耳其20元纸币上的图案。

以弗所古城不仅有完善的供水系统和下水管道网，而且还有着令人称奇的公共厕所。2000年前的古罗马人已经发明了坐便马桶。他们沿着墙边铺上一排大理石，大理石上刻出一个个规则的圆洞，贵族们就坐在圆洞上面方便。大理石板下面用石头砌成了沟渠，有两三米深。有流动的水经常冲刷，据说这是世界上最早的冲水马桶。

现在，经过近150年的发掘，以弗所成为欧洲保存最完整的古代文明大都市，而这座城市82%的部分仍然深埋于地下，等待开发。

【卡帕多奇亚的“仙人烟囱”】

有人说在土耳其的旅游胜地卡帕多奇亚的游览，绝对要上天入地——乘坐热气球上天的空中俯瞰，钻入地下体验地下城的别样滋味，而最令人啧啧称奇的就是那遍地长着的奇异峰林，这就是被喻为“仙人烟囱”的奇岩怪石所呈现的奇特地貌景观。

“卡帕多奇亚”一词的原意是“美丽的骏马”，在伊朗的波斯波利斯宫（Persepolis Palace）里，有描述波斯属国代表的浮雕，其中卡帕多奇亚的使者就以马为贡品。波斯时期的骏马已经随着时间的长河渐渐被人淡忘了，这个名字却依然流传了下来。

据说，300万年前，由于火山喷发，使得卡帕多奇亚周围的高原被熔岩覆盖，这种脆弱的岩层一次次地被风雨侵袭，形成了奇形怪状的石柱，最终成就了卡帕多奇亚最出名的景点“仙人烟囱”。

林林总总的岩峰，冲天而立，其外观有的直立如笋、形似烟囱；有的尖耸如塔、巍然屹立；有的圆帽盖顶，形同蘑菇；有的凸起在山坡、恰似一枚枚钉子。各个岩峰形状各异、不一而足，气势雄伟，蔚为壮观。

最不可思议的是，这些岩石会被凿开一个个洞穴，里面是给人居住的，甚至还有教堂，卡帕多奇亚的先人太有创造力了！岩洞咖啡屋的小老板每年可以在这里接待数千位来自世界各地的游客，一杯香甜的苹果茶，一段优美的琴声，看着这亘古荒凉充满奇异的风光，再惬意不过了。

【棉花堡】

土耳其的棉花堡，便是一处美得让人瞠目结舌的石灰华阶梯温泉汤池。

14000 年来，温泉水汩汩从地底涌出，顺着山丘的边缘倾泻而下。在漫长的岁月中，石灰质的矿物堆积在岩石表面，形成一个个洁白的梯台，如云朵，如棉花。层层叠叠的凹槽中，蓄满了纯净温泉水，浅浅的蓝绿，全都是诱惑至极的天然温泉汤池。远望如朵朵棉花堆积成的城堡，故名帕姆卡莱（Pamukkale），意思是棉花城堡。

公元前 190 年，古希腊帕加马王朝在此建立城市希拉波利斯。后来，罗马人发现了这处温泉，据说对心脏病、皮肤病、关节炎有着显著疗效，立刻欣喜若狂地修建了温泉浴场。棉花堡成为古罗马人深受追捧的 Spa 疗养地，吸引了无数达官贵人、富豪名媛。鼎盛时期这里人口总数高达十万人。希拉波利斯古城 - 帕姆卡莱，1988 年列入世界文化和自然双遗产。一边是大自然创造的奇幻美景，一边是人类文明残留的恢宏古迹。置身期间恍若时空交错。

希拉波利斯（Hierapolis）是棉花堡的所在地，境内有很多神庙和其他宗教建筑，在考古学界有“圣城”的美誉。

现在，帕姆卡莱博物馆和这个罗马公共浴室已成为这个地区的地标性建筑。浴室入口处有一个宽大的方形庭院，庭院四周有很多大堂。有证据表明博物馆的内墙上铺有大理石。在澡堂的南北两侧有两个大厅，一个供国王私人使用，一个则用来举行各种仪式。这个古老的浴室建于公元前 2 世纪，现在废墟上已铺上了大理石。帕姆卡莱博物馆收藏有这个澡堂的部分遗骸。

阿波罗神庙就位于博物馆附近，这个献给地狱之神普路托（Pluto）的神庙建在 Plutonium 水泉之上。这个神庙现在仍散发着致命的有毒气体，因此在神庙前面、地下入口上方有一个格栅，防止游客靠近。

【特洛伊】

自爱琴海边发掘出来的特洛伊古城是古代世界中最重要的考古场地之一。早在 1822 年，考古学家就认为当时名为希萨立克（Hisarlik）的小山丘是古代特洛伊城的遗址。但是在 1870 年到 1890 年，由考古学家 Schliemann 和 Dorpfeld 深入挖掘后，才被世人所公认。

特洛伊古城是古希腊青铜器时代最强盛的城邦之一。由于扼守亚欧两洲的通道，战略地位显著，在政治、经济和军事上都显赫一时。在公元前 13 世纪至公元前 12 世纪，特洛伊是繁华的文化中心。

大约在公元前 1100 年到公元前 700 年，这一带还无人居住。之后希腊移民开始在这里落户，并以伊里亚德这个名称一直保持到4世纪。约在公元前6世纪末以后，这一带相继被波斯、亚历山大大帝、西南亚的塞琉西王朝、帕加马王朝和罗马帝国所统治。君士坦丁堡建立政权后，这里面开始没落，到1500年时，只剩下城墙、一个庙、一个戏院和木马基座还可以辨识。

为了缅怀历史，土耳其人在特洛伊旧城附近，仿造了一个巨大的特洛伊木马（Trojan Horse），实际上是一座外形像马的大型建筑，底部有巨大的楼梯，可供旅客攀缘参观，在木马的平台上，可以眺望整个特洛伊平原。

【博斯普鲁斯海峡】

博斯普鲁斯海峡，那么一个拗口的名字，但游览过这里的人们，却总会把它牢记在心，并随口附和一句，下次还会再来。它就像是婚礼殿堂中的见证人，见证了欧洲与亚洲的完美结合。见证了他们的历史变迁，见证了他们将传统与现代柔和的引渡。

土耳其人说过：没来过伊斯坦布尔，就不算到过土耳其。没欣赏过博斯普鲁斯海峡的美景，就不算来过伊斯坦布尔。置身于海峡之上，前一秒看到的是奢华贵气的皇宫，后一秒又被列为世界遗产的传统小屋所吸引；前一分钟人还在欧洲的车水马龙，后一分钟便来到了亚洲的悠闲自在。

博斯普鲁斯海峡全长30千米，是由于上千年地壳运动而形成的一个天然海峡。它是进入黑海的唯一通道，它也是欧亚大陆的分界线，使伊斯坦布尔成为唯一一座横跨欧亚大陆的城市。从古至今，它就是每个列强国家想要争夺的资源。除了特殊的地理位置外，它还是人们休闲娱乐的场所。

海峡两岸分属欧亚两洲，但景色十分相似。草地、树丛，片片翠绿；高楼、小屋，点点朱红。罗马帝国和奥斯曼帝国遗留下来的巍峨王宫，傍水耸立，古堡残垣，矗立岸边。在海峡的中段，两岸各有一个十四五世纪的古堡，像一对威武的雄狮，昂首挺立。海峡的自然风光与历史古迹相映生辉，博斯普鲁斯海峡已成为土耳其的著名旅游景区之一。

在这里，一定要坐游轮才能更好地欣赏两岸的风光。没有哪个城市能像伊斯坦布尔一样容纳一个海峡。在这里航行，可以纵览两岸的清真寺、皇宫，还可以穿越大桥，远眺城市风光，近看海天一色。海鸟飞舞，海风附耳，浪花翻涌，绝对是一种享受。

【托普卡帕宫】

托普卡帕宫，又称老皇宫，是伊斯坦布尔的一个充满历史遗迹半岛的海角，可以俯瞰马尔玛拉海和博斯博鲁斯海峡。围绕整座宫殿的城墙、靠近陆地一侧的大门和最初的一些建筑都是在 1451 年到 1481 年穆罕默德二世（征服者）统治期间建造的。除了以上一些建筑，该宫殿目前的整体布局还包括在后来几个世纪里增加的一些新建筑群。托普卡帕宫从穆罕默德二世（征服者）到 1856 年以来，一直都是历代奥斯曼苏丹的寝宫。当后来阿普杜勒·迈吉德（搬到多尔马巴赫切宫后，它就作为政府的行政中心。此外，它的恩德仑部分成为一所学校，仍具有重要地位。

1924年，托普卡帕宫被改建成为一所博物馆。该宫殿的许多建筑，例如哈仑区、巴格达亭、雷梵阁、索法阁和参拜室都成为建筑学上的杰出艺术瑰宝，同时这里还展出了其他一些反映宫廷生活的文物。此外，这座博物馆还有些收藏物品来自不同个人的捐赠，它还拥有一座图书馆。

【多玛巴赫切宫】

多玛巴赫切宫，建于19世纪中叶奥斯曼帝国时期，但却是巴洛克和新古典主义风格相融合的一座皇宫，也被称为“新宫”。坐落在博斯普鲁斯海峡欧洲部分的沿岸，建筑群沿着海峡绵延600米，占地1.5万平方米，房间285间，大厅43间，气势恢宏，显示出曾经奥斯曼帝国的辉煌与富庶。

新宫的后宫建筑相对老皇宫更加气派和豪华。内部珍宝令人目不暇接，豪华的水晶灯、象牙、黄金制品比比皆是。其中有世界上最大的4500公斤重的水晶吊灯。浴室和卫生间全用白色大理石镶嵌，所有门窗都由优质木材精雕细刻。整个建筑工程耗费500万奥斯曼金镑，相当于35吨黄金，有14吨黄金用于制成金箔装饰宫殿的天花板。还有分布在大厅和各个房间的名家名画，非常值得欣赏。

另外，皇宫门口的站岗卫兵也是吸引游客眼球的亮点，他们高大威武，一动不动，以至于很多人以为他们是雕像。

【加拉太塔】

加拉太塔（Galata Kulesi），是拜占庭皇帝阿纳斯塔修斯在507年修建的灯塔，最初用木头建造，后来在十字军东征时被焚毁，直至1348年由热那亚人用石料重建复生。这座历经沧桑的古塔还曾身兼数职：瞥卫塔、监狱、天文台。

从加拉太塔上可以鸟瞰伊斯坦布尔部分城市，这里的咖啡吧和餐馆很多，一般从9:00开到24:00。在加拉太塔还可以欣赏到东方的肚皮舞、午夜表演等。

【玫瑰谷】

玫瑰谷（Rose Valley）位于格雷梅的北部的国家公园内，它的名字生动地描绘了这座山谷从远处看的形象。流水、洪水和霜冻使这些岩石裂开，其较软的部分被侵蚀掉，结果留下一种奇异月亮状的地貌。它由锥形、金字塔形以及被称为“妖精烟囱”的尖塔形岩体组成。层峦叠嶂，怪石嶙峋，而风卷尘土拂面，颇有些“英雄倾夺何纷然，一盛一衰如逝川”的慨喟。这里主要的景点有石柱教堂和十字架教堂，沿途景色非常漂亮。

本章要点

土耳其迷人的自然风光，每年吸引了大量来自世界各地的游客到此观光度假。现在每年土耳其接待的国外游客超过 3 千万人次，这也使得土耳其成为了世界第六大旅游目的地国家。土耳其不仅是度假天堂，同时也是商旅人士所钟爱的目的地。土耳其拥有 400 多家五星级酒店，近百家五星级 SPA 及温泉酒店，在 21 座城市中有 208 家会展中心，这里每年要组织将近 2000 次的大型会议、论坛、活动。

土耳其公认最佳旅游时节是每年 4–10 月，受地形因素的影响，土耳其各区域的气候各不相同，内陆地区属于大陆性气候，而爱琴海和地中海沿岸则属于典型的地中海型气候。

土耳其有 17 处世界遗产，实际上有将近 2700 处历史遗址和超过 4 万多个文物发现，可谓有着相当丰富的自然资源与文化遗产。

在土耳其，最值得参观的景点包括地下水宫殿、圣索菲亚大教堂、蓝色清真寺、以弗所古城、卡帕多奇亚、棉花堡、特洛伊遗址、博斯普鲁斯海峡、托普卡帕宫、多玛巴赫切宫、加拉太塔等等。

土耳其的法定货币为里拉，很多消费场所都要给消费额 10% 的消费，征收增值税之后的账单会显示“完税价”(KDV)，机场的兑换亭 24 小时开放，可兑换美元、欧元。中国手机可在土耳其使用，但携带外国手机入境一个月之内必须到当地通讯服务商处注册入网。

图书在版编目（CIP）数据

对外投资与旅游地指南．土耳其卷／王思宇著．--
北京：经济日报出版社，2018.1
ISBN 978－7－5196－0238－3

Ⅰ．①对… Ⅱ．①王… Ⅲ．①投资环境－概况－土耳
其②旅游指南－土耳其 Ⅳ．①F137.499②K937.49

中国版本图书馆 CIP 数据核字（2017）第 287278 号

对外投资与旅游地指南（土耳其卷）

作　　者	王思宇
责任编辑	肖小琴
责任校对	徐建华
出版发行	经济日报出版社
社　　址	北京市西城区白纸坊东街 2 号 A 座综合楼 710
邮政编码	100054
电　　话	编辑部 63584556　发行部 010－63567692　63538621
网　　址	www. edpbook. com. cn
E－mail	jjrb58@ sina. com
经　　销	全国新华书店
印　　刷	中国电影出版社印刷厂
开　　本	710 × 1000 mm　1/16
印　　张	16. 5
字　　数	166 千字
版　　次	2018 年 1 月第一版
印　　次	2018 年 1 月第一次印刷
书　　号	ISBN 978－7－5196－0238－3
定　　价	78. 00 元